制度や就労支援のことが わかる！

若年性認知症の 人や家族への 支援のきほん

沖田裕子・杉原久仁子　著

中央法規

はじめに

　若年性認知症の人を支援するための本をつくりたいと中央法規さんにお話ししたのは、新型コロナウイルスで世の中が変わる直前でした。あのとき直接お会いして以来、編集の方とは、オンラインなどでのやりとりを重ねこの本をつくってきました。

　私たちの法人は、大阪市内で若年性認知症の人を支援するための交流会をはじめた2団体が、月1回の交流会では支援の限界を感じ、さらに若年性認知症の人の居場所をつくりたいという思いから、2006（平成18）年にはじめた団体です。1人で通ってこられる若年性認知症の人と、本人ボランティアとして一緒に活動してきました。

　相談や支援活動のなかから、その時々で必要と思うことに取り組んできました。その経験の積み重ねから、若年性認知症の人の通いやすいデイサービスの環境づくりを手伝ったり、若年性認知症の人の支援のためのアセスメント表を作成したり、子ども向けのサポートブックをつくってきました。なかでも、2015（平成27）年から、生きがいとしての仕事の場「タック」をつくったことの意義は大きいものでした。週2～4回事務所に通って作業をする活動は、参加者も年々増え、相談を単なる相談に終わらせず、活動に参加する本人と一緒に動くなかで今後についても考えてきました。

　本書は、そうした本人たちのそばで変化を感じてきたこともふまえながら、支援の実践を書いたものです。制度や窓口を案内したパンフレットは少しずつ出てきましたが、支援の経験をもとに書かれた若年性認知症の本はまだまだ少ないと思います。

　若年性認知症は、中途障害です。人生半ばにして、思いもよらない病気により、人生の舵をきらなければいけない事態に遭遇するのです。急に方向転換はできません。家族以外のサポートや、同じ年代の当事者、認知症の先輩に出会う場が必要です。また、新しい自分と、今後を迷いながら一緒に歩んでくれる支援者も必要です。その支援者となる人の少しでも力になれる1

冊となれば幸いです。

　本書では、若年性認知症の人の模索しながら生きている"本人の力"を知っていただくために、できるだけご本人の名前が出せる方は出していただけるように、ご協力を得ました。事例は、何人かの支援事例を合わせて作成したものもあります。

　事例を書いていただいた鬼頭さんや清水さん、内容を確認いただいたご本人やご家族、関係者の方々、ご協力いただいたすべての方に感謝申し上げます。

沖田裕子

目次

支援にかかわる人・機関

若年性認知症の人への支援内容と、支援にかかわる人・機関は、病気の進行（ステージ）に合わせて変わっていきます。
ここでは、認知症が疑われるとき、働いているとき、社会参加を考えているときの支援にかかわる人・機関について紹介します。

1 認知症かなと思ったら

- **若年性認知症支援コーディネーター**
  若年性認知症の人やその家族、若年性認知症の人が利用する医療・福祉・企業・行政等の関係機関からの各種相談に応じます。都道府県（一部指定都市）のほとんどに配置されています。
- **認知症初期集中支援チーム**
  家族の訴え等により、認知症が疑われる人や認知症の人及びその家族を医療・介護の専門職や医師が訪問します。アセスメント、家族支援等の初期の支援を包括的・集中的（おおむね6か月）に行い、自立生活のサポートを行います。
- **認知症疾患医療センター**
  認知症の鑑別診断、認知症の行動・心理症状（BPSD）や身体合併症に対する急性期医療、専門医療相談、関係機関との連携、研修会の開催などを行います。都道府県、指定都市が実施主体となり、病院または診療所を指定しています。

2 働いているとき

- **産業医**
  働いているときに、最初に病気かもしれないと気づく人は、同じ職場の人が多いです。そのため近年は、職場の人や産業医のすすめで、認知症の検査を受ける人も増えてきています。産業医は、常時50人以上の労働者がいる事業場には配置が義務づけられています。
- **ハローワーク**（公共職業安定所）
  障害のある人の就職活動を支援するため、障害について専門的な知識をもつ職員・相談員を配置し、仕事に関する情報を提供したり、就職に関する相談に応じたりしています。地域障害者職業センターを利用するには、ハローワー

クから申し込む方法もあります。

- 地域障害者職業センター

  障害者職業カウンセラー等を配置しています。若年性認知症支援コーディネーター、ハローワーク、障害者就業・生活支援センターとの連携のもと、就職や職場復帰を目指す障害のある人、障害者雇用を受け入れる事業主、障害者の就労を支援する関係機関に対して、支援・サービスを提供しています。具体的な業務内容は、職業評価、就職や職場定着の相談、就職に向けた準備を整えるための職業準備支援、職場適応のためのジョブコーチの支援、事業主に対する障害者雇用に関する相談・支援、雇用管理サポートの実施などです。

- ジョブコーチ（職場適応援助者）

  主に地域障害者職業センターに配置されています。障害のある人の職場適応に課題がある場合に、職場適応を図ることを目的として、職場に出向き、障害のある人に対する職務の遂行や職場内のコミュニケーション等に関する支援だけでなく、事業主に対しても障害特性に配慮した雇用管理等に関する支援を行います。事業所の上司や同僚による支援（ナチュラルサポート）にスムーズに移行していくことを目指していますので、ジョブコーチがついてくれるのには期限があります。

- 若年性認知症支援コーディネーター
- 認知症初期集中支援チーム

3　社会参加をするために

- 認知症カフェなどの居場所

  認知症カフェなどの居場所は、認知症の人やその家族、介護や福祉の専門家など、誰もが集える場所です。2012（平成24）年以降、全国各地で開催されています。

- 当事者会

  認知症の人同士や家族介護者同士が集まり、悩みを話し合ったり、情報交換をしたりします。

- 地域包括支援センターや認知症初期集中支援チーム

  地域包括支援センターや認知症初期集中支援チームは、居場所づくりや認知症カフェ、当事者会を行えるように支援していきます。

- 障害者就業・生活支援センター

  障害のある人の職業生活における自立を図るため、雇用、保健、福祉、教育

等の関係機関との連携のもと、障害のある人の雇用の促進及び安定を図ることを目的として、全国に設置されています。公益法人、社会福祉法人、特定非営利活動法人などが運営しています。就労を希望する人や在職中の人が抱える問題に応じて、就業支援、生活支援（生活習慣、金銭管理等の日常生活の自己管理に関する助言など）の両面から支援を行います。

● 就労移行支援事業所

一般就労などへの移行に向けて、事業所内や企業における作業や実習、適性に合った職場探し、就労後の職場定着のための支援等を行います。利用期間は原則2年で、65歳未満が対象となります。一定の要件のもと、65歳以上も利用可能です。

● 就労継続支援A型事業所

雇用契約に基づく就労の機会を提供するとともに、一般就労に必要な知識、能力が高まった人について、一般就労への移行に向けて支援を行います。

● 就労継続支援B型事業所

雇用契約は結ばず、就労や生産活動の機会を提供します。A型事業所と比べると、社会参加や余暇支援的な活動が多いです。

第 **1** 章

若年性認知症の人に かかわるための 基本の知識

① 若年性認知症とは

1 若年性認知症の定義

　認知症は、一度発達した認知機能が、アルツハイマー病その他の神経変性疾患、脳血管疾患などにより、日常生活に支障が生じる程度にまで低下した状態のことをさします。18歳未満の発達途中の障害は含みません。また、18歳未満で知的障害と認定された人が50代で記憶障害が生じても、生活体験が大きく異なるため、基本的には若年性認知症との区別が必要となります。

　厚生労働省などでは、若年性認知症は「65歳未満で発症する」と定義されていますが、診断後に活用する制度によっては対象となるのが65歳以上であるため、本書では「18歳から64歳までに認知症と診断された場合」を若年性認知症としています。

2 どのようなことで気づくのか

　大阪府が行った若年性認知症の人や家族への調査によると、若年性認知症と診断される初期には表1-1のような症状がみられました。

　まず、仕事や生活の場面での変化として、もの忘れの症状は目立たない人が多いですが、スケジュール管理が適切にできず、段取りが悪くなることで仕事でのミスが起きるほか、会話のなかの意味を取り違えて家族と険悪になったり、お金を無計画に使うようになったりするなどの症状があげられます。

　また、うつ症状や体調不良と思われてしまう症状として、夜眠れない、やる気が出ない、自信がない、頭痛・耳鳴り・めまい、イライラなどの症状があげられています。これらは、うつ症状との鑑別が必要になり、更年期障害ともよく間違えられるため、初期段階では、若年性認知症の診察にかかわっている認知症疾患医療センターなどの専門機関での受診が有効です。若年性認知症の人をあまり診察したことがない医療機関では、発見が遅れる場合もあります。仕事上では問題があっても日常生活ではほとんど支障がないため、家族に気づかれず、産業医から受診をすすめられて、認知症の診断に至るケースもあります。

表 1-1　若年性認知症の初期によくみられる症状

仕事や生活の場面での変化	うつ症状や体調不良と思われてしまう症状
□スケジュール管理が適切にできない □仕事でミスが目立つ □複数の作業を同時並行で行えない □段取りが悪くなり、作業効率が低下する □取引先との書類を忘れる等、もの忘れに起因するトラブル □物をさがしていることが多くなる □降りる駅を間違える □服の組み合わせがおかしくなる □家族との会話のなかの意味を取り違えて険悪になる □お金を無計画に使うようになる	□夜眠れない □やる気が出ない □自信がない □運転が慎重になった □趣味への関心がうすれた □頭痛、耳鳴り、めまい □イライラする □考えがまとまらない

出典：大阪府「本人・家族のための若年性認知症支援ハンドブック」p.3、2014 年

3　高齢者との発症の違い

　2020（令和 2）年の調査では、若年性認知症の診断名別の内訳として、アルツハイマー型認知症（52.6%）が最も多く、次いで血管性認知症（17.0%）、前頭側頭型認知症（9.4%）、レビー小体型認知症／パーキンソン病による認知症（4.2%）、外傷による認知症（4.2%）、アルコール関連障害による認知症（2.8%）が続くことが報告されています[1]。一方、2014（平成 26）年の認知症の人と家族の会の調査によると、

図 1-1　若年性認知症の診断名別の割合

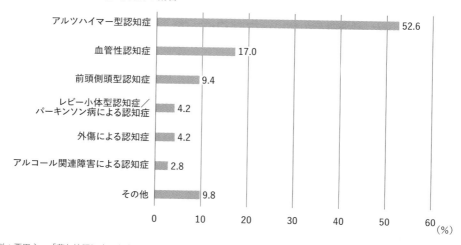

資料：粟田主一「若年性認知症の有病率・生活実態把握と多元的データ共有システム」2020 年をもとに作成

全世代の診断名別の内訳においても、アルツハイマー型認知症が最も多い割合となっています[2)]。それに対して、血管性認知症や前頭側頭型認知症は若年性認知症よりも少ない傾向にあるようです。調査が異なるため一概に比較できるものではないですが、若年性認知症の場合、高齢者の認知症には少ない前頭側頭型認知症なども多く、原因疾患は多岐にわたるといえます。

　また、同じく2014年の調査の報告では、認知症を疑うきっかけとなった日常生活での変化として、「忘れ物・物忘れ・置き忘れを頻繁にするようになった」が74.6％と最も多く、次いで「時間や日にちが分からなくなった」が52.9％、「仕事や家事が以前のようにできなくなり、支障をきたすようになった」が46.7％という結果でした。

　この結果は、対象者の大半を高齢者が占めた統計となっている一方で、2009（平成21）年の「若年性認知症の実態と対応の基盤整備に関する研究」の調査結果で示された介護家族に対する生活実態調査では、最初に気づかれた症状として「もの忘れ」が50.0％、「行動の変化」が28.0％、「性格の変化」が12.0％、「言語障害」が10.0％となっています[3)]。

　このように、高齢になって認知症を発症する場合は、もの忘れや見当識障害（時間や場所、人物の認識が障害されていくこと）で気づかれることが多いのに対して、若年性認知症の場合は、もの忘れのほかに行動や性格の変化、言語障害で気づかれることが高齢者よりも多くなっています。

② 若年性認知症の原因疾患の特徴的な症状

　ここでは、特に若年性認知症の人に多い、アルツハイマー型認知症、血管性認知症と頭部外傷による認知症、前頭側頭葉変性症の特徴的な症状と事例をあげて説明します。原因疾患の特徴が高齢者とは異なるため、最初に気づかれる症状も異なってきます。

1　アルツハイマー型認知症

　アルツハイマー型認知症の典型的な症状として、もの忘れ、段取りが立てられな

い、見当識障害などがあります。しかし、若年性認知症では、先にも述べたように、もの忘れが目立たないといった、高齢者のアルツハイマー型認知症では典型的でない症状がみられる場合があります。

　若年性アルツハイマー型認知症には、一部に家族性アルツハイマー病がみられ、初期から神経症状（指先などがピクピクするミオクローヌスやけいれん発作）が出現したりします。家族性アルツハイマー病とは、遺伝性のアルツハイマー病で、ごくわずかな割合ですが親やきょうだいが30 ～ 40代で発症している場合があります。

　また、前頭葉に障害がおよぶと、抑制的な行動や遂行機能障害が目立ったり、進行性失語のうちロゴペニック型進行性失語（文の復唱が難しくなる）などが生じる場合もあります[4]。

　頭頂葉の局所萎縮により視野障害が目立つ場合、空間失認が生じることもあります。空間失認のある人には、もの忘れや言語の障害は目立ちませんが、衣服が着られない、階段が降りられないなど、できないことが多くあるように見られます。しかし、本人は意思をはっきりともっていることが多いため、できないことだけにとらわれず、本人の意思やその人らしさを確認しておくことが重要といえます。

　ここで、空間失認の強い人がどのように生活をしているのか、そして、どのようなサポートがされているのかについて、当事者の実際の生活における工夫を例に紹介します。

山田さんの空間失認に対する生活の工夫

鬼頭史樹　borderless -with dementia- メンバー／
名古屋市社会福祉協議会　ソーシャルワーカー

◆ 山田さんとの出会い

　山田真由美さんと初めて出会ったのは、2013（平成25）年の秋でした。山田さんは51歳で若年性アルツハイマー病と診断された若年性認知症の当事者です。

　当時私は、名古屋市の若年性認知症相談支援担当として、若年性認知症の人や家族がつどう場の立ち上げにかかわっており、2013（平成25）年11月に第1回のつどいがありました。他の参加者は夫婦で参加しているなか、唯一1人で参加していたのが山田さんでした。

　その日はみんなで神社を散歩したのですが、山田さんは終始つまらなさそう

な顔をしていて、途中で「私、用事があるので帰りますね」と帰っていってしまいました。私はそれをよく覚えています（本人に後で聞いたら、「だって、つまらなかったから」と言っていました）。

◆ 当事者同士の出会いから積極的に

このつどいはそれから毎月続けていたのですが、山田さんは来たり来なかったりということが続きました。当時、山田さんは仕事（小学校給食の調理員）も続けていたので、つどいにはあまり関心がなかったのだと思います。私が気が向いたときに電話をするくらいの関係が2年ほど続きました。

あるとき、そのつどいに山田さんと同じ年代くらいの女性が参加するようになりました。その人と山田さんは年代以外にも共通点が多いと感じたので、山田さんに「会ってみない？」と誘ってみました。

私は、2人が初めて出会った日のことを、今でもはっきりと覚えています。私が互いの紹介を終えるか終えないかくらいのときには、もう2人だけの世界でおしゃべりをはじめていました。
「服を着るのに時間がかかるの？」「私もなの！」
「字も書けないの？」「そうそう！」

そんな会話をノンストップで2時間。話し足りないのか電話番号の交換もしていました（2人とも字が書けないので私が代わりに書きました）。

◆ 自らソーシャル・サポート・ネットワークを拡大

この出会いをきっかけに山田さんは大きく変わりました。それまでの2年間は、山田さんの笑顔を見たことがなかったのですが、その女性と出会ってからは笑顔が山田さんのトレードマークになりました。当事者同士の出会いから元気になった山田さんは、それまでひた隠しにしていた認知症を、自分がよく使うお店（スーパーや携帯電話ショップなど）や、同じマンションの住民に自ら伝え、地域の支援体制（ソーシャル・サポート・ネットワーク（身近な社会で本人をサポートしてくれる組織や人のネットワークのこと））を拡大していきました。

また、「自分と同じ認知症の当事者を元気にしたい」という思いから、講演会などでの当事者としての発信、ピアサポート（仲間同士での活動）などの活動を次々にはじめていきました。

✦ 症状の進行とサポート体制の変化

　山田さんが講演活動をはじめたのは 2016（平成 28）年のことでした。それからコロナ禍となる 2020（令和 2）年頃までの間、山田さんと私は、100 回を超える講演を 20 以上の都府県でともに行ってきました。同時に各地で出張ピアサポート活動を実施し、100 人を超える当事者と出会い、語り合ってきました。また、テレビや新聞、雑誌からの取材も多く受けました。

　山田さんの主な認知機能障害は「空間失認」です。自分と周りの物との距離感など、空間的な把握が難しくなる症状で、日常生活では鍵の開け閉め、衣服の着脱、食事などの場面で困りごとが多く生じます。2018（平成 30）年頃には、出発の準備や移動、食事、泊まりの場合は入浴なども介助が必要な状況となりました。

　山田さんの講演旅行では、私は講演の聞き手役、その他の介助などはサポートするパートナー（女性）が担っており、3 人のチームで動いていました。

講演会の様子（左が山田さん）

山田さんとパートナー

✦ 具体的なサポートについて

　ともに旅をするということは、その人を知るには最高の方法ではないかと思います。旅は生活の縮図です。移動、食事、入浴といったことはもちろんですが、そのすべてに「旅を楽しむ」という目的があります。だからこそ、できないことだけでなく、その人の強みや魅力もふだんより強く感じることができます。

　ここでは、講演旅行で全国を飛び回っていた頃の山田さんと、私やパートナーのことを具体的に紹介したいと思います。

<スケジュール管理>

　私たちの旅は、スケジュールの確認からはじまります。山田さんは、記憶障害はほとんどありませんでしたが、数字の認識がうまくできないことでスケジュール管理が次第に難しくなっていきました。山田さんとしては「近々、〇〇県に講演旅行に行く」ということはわかっているのですが、今日は何日でどんな予定があるのかが気になります。気になるからといって何度も家族に確認するのは気が引けるけれど、気になるし、不安、という気持ちでした。

　そこで私たちのチームでは、Google カレンダーを使って、山田さん、山田さんの家族、介護支援専門員（ケアマネジャー）、私でスケジュールを共有し、ケアマネジャーが介護サービス利用の予定、私が講演等の予定、家族が家族の予定、といった具合に分担して入力することとしました。さらに、山田さんは訪問リハビリテーションの作業療法士とともにスマートフォンの音声アシスタントを使う練習をし、音声アシスタントに「今日の予定は？」と聞くと、「今日は〇〇の予定があります」と答えてくれるようにしました。山田さんは、いつも「この子（スマートフォン）は何回聞いても、怒らないのよ」と話し、周囲を笑わせていました。

<旅の準備──着替え、鍵の工夫>

　旅の準備で最も時間がかかるのは、着替えでした。空間失認による着衣失行によって、山田さんは自分の腕を衣服の袖に通すことが難しくなっていきました。1人で着替えると、コート1枚羽織るのに30分以上、上から下まで着替えるのに最長で5時間かかったといいます。こういった場面では、コートの袖の入り口（アームホール）に白いバイアステープを縫いつけ、アームホールを目立たせるといった工夫をしました。

アームホールを目立たせる工夫

　また、出発の際の自宅の鍵の開閉も一苦労でした。空間失認によって鍵を鍵穴に入れるのに30分以上かかるのです。そこで、スマートロックを導入することにしました。スマートロックは、専用の装置を既存の鍵に取り付けることで、登録したスマートフォンが近づくと解錠し、離れると施錠するといったシステムです。山田さんは「この子（スマートロック）のおかげですごく楽になったの」と、とてもうれしそうに話していました。

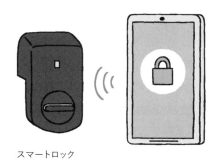

スマートロック

<移動──階段やエスカレーターが苦手>

　山田さんの講演旅行は、北は青森県、南は鹿児島県まで、新幹線はもちろん、飛行機での移動も多く経験しました。

　空間失認の影響は、階段やエスカレーターの上り下りにも影響します。山田さんには階段やエスカレーターが断崖絶壁のように感じられ、非常に怖いようです。駅や空港ではエレベーターを探して移動するのですが、案内がわかりづらかったり、エレベーターが出入り口から遠いところにあることも少なくありませんでした。また、多目的トイレもどこにでもあるわけではありません。多目的トイレとエレベーターが離れたところにあるなど、動線が考えられていないと感じることも多くありました。

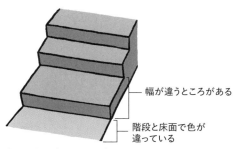

幅が違うところがある

階段と床面で色が
違っている

階段：幅や床面の色が違うと踏み間違えやすい

電車の乗り降りでは、車体とホームの間のすき間に苦労しました。山田さんにとっては、そのすき間が奈落の底のように感じられるようで、「吸い込まれそう」と怖がっていました。しかし、パートナーが隣から「ぴょーんと飛んで」と声をかけると、比較的恐さを感じることなく、すき間を越えることができました。実は、「ぴょーん」というオノマトペ（擬音語）は、人によっては「足をあげて」などの具体的な指示よりも身体の使い方に直結し、動作を起動しやすくなることもあるのです。そして、山田さんもその1人でした。しかし、症状の進行により、この工夫もだんだんと難しくなってきたため、電車などではあらかじめ下車する駅で、車いす用スロープを用意しておいてもらうことにしました。

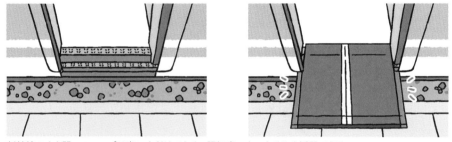

新幹線のすき間：スロープは車いすだけでなく、認知症の人のためにも活用できる

◆ 社会の側のデザインの見直し――認知症の人にとって生活しやすい環境づくり

　山田さんとの旅では、特に移動の際に不便を感じることが多くありました。案内板のわかりづらさ、多目的トイレの少なさ、動線の悪さなど、自分だけで移動していたときには気がつかなかった点に気づかされました。

　厚生労働省の調査では、認知症になって「外出する機会が減った」と答えた人は約7割になるというデータもあります[5]。これを「認知症だから（仕方ない）」と済ませてしまってよいのでしょうか。山田さんがそうであったように、多くの人は認知症になっても、それまでと同じように外出を楽しみたいと思っています。そして、それは社会の側がデザインを変えていくことで実現できる部分が大いにあります。認知症の人にとって、より使いやすいデザイン、生活しやすい社会のデザインは、高齢者にとって、あるいはそれ以外の多くの人にとっても、生活しやすい環境になるのではないかと考えます。

✦ 希望のリレーをつなぐ

　山田さんと活動を続けるなかで、あるとき、山田さんの担当ケアマネジャーから山田さんの要介護度が4になったと連絡が入りました。そのとき、私の脳裏には「もうこれ以上の活動は難しいかもしれない」という考えがよぎりました。しかし、その連絡の1週間後には他県への講演旅行があり、山田さんはいつものように電車に乗り、いつものように講演し、いつものように美味しいものを食べ、いつものように笑って帰っていきました。

　そのとき、私は「要介護4」という既存のフレームに山田さんのことを当てはめ、一人の人として見ることができなくなってしまっていたと気づかされました。現在、山田さんの要介護度は5です。それでも山田さんは、「講演がしたい」「当事者に出会って笑顔にしたい」と繰り返し語っています。

　私は、山田さんのそうした生きざまから、多くのことを学んできましたし、これからもともに活動をし、山田さんからの希望のリレーをつなげていけたらと考えています。

2　血管性認知症と頭部外傷による認知症

　脳梗塞や脳出血により、後遺症として認知症の症状が生じた場合を、血管性認知症といいます。脳血管性の障害や頭部外傷による認知症は、受傷の部位や範囲により症状が異なります。症状を進行させないためには、初期からのリハビリテーションや就労支援が必要になってきますが、突然起こった障害（今までできた作業や言葉の理解が困難になるなど）に対して自覚がなかったり、自分の苦しさについて表現できないこともあります。さらに、医療機関では、運動機能にかかわる後遺症がないと、ほとんどリハビリテーションをすすめられないのが現状です。

　脳梗塞などの発症から数年後に認知症の症状が出て、生活に支障を来す場合もあるため、脳梗塞などや受傷の早期からの進行・再発防止、記憶や判断力が低下していないかの確認が重要といえます。脳梗塞などについては、高血圧、脂質異常症、糖尿病などの生活習慣病も関係しているので、生活習慣の見直しや治療などが必要です。早期にサポートを受けることで、進行予防や就労継続につながります。

本意が読み取りにくい多発性脳梗塞の佐藤さん

✦ 困ったことがないようにみえても

　佐藤たろうさん（仮名：50代男性）は左官の仕事をしていましたが、仕事に行かなくなり、家の中でクマのようにウロウロしていて困ると妻より相談がありました。どこも障害はないようにみえた佐藤さんは、何も困ったことがないように感じられました。しかし、医療機関を受診した結果、多発性脳梗塞が起きていたことがわかりました。

✦ 具体的なサポートについて

　佐藤さん自身、仕事をしたいという希望があったので、障害者就業・生活支援センターで、就労訓練を受けることになりました。

　何回か通った後で、佐藤さんが「ロッカーの鍵を返してきた」と報告に来ました。ロッカーの鍵を返すことが、佐藤さんにとって「辞める」という意思表示になっているようでしたが、なぜ辞めてしまったのかという理由については、よくわからない状況でした。辞めた理由を確認するために、佐藤さんと一緒に就労訓練の事業所に行ってみると、仕事の指示をする人が、その時々で微妙に異なる言い方をしているため、佐藤さんが混乱していることがわかりました。

　また、「あそこに置いてきて」などといった漠然とした表現が理解できなかったり、スタッフの見分けがつかず、休憩をとる際に誰に言えばよいのか、戸惑ったりしていることがわかりました。

　こうした特徴を事業所に伝え、佐藤さんは就労継続支援B型の事業所で、タオルをたたむ仕事などをするようになりました。仕事はまじめにきちんとこなし、性格も優しく穏やかであったため、一緒に働く知的障害のある若い人たちにも慕われるようになりました。

✦ 家庭内の調整

　しかし一方で、家庭内では以前はなかった言動がみられるようになり、家族は戸惑っていました。「これまでは娘の作った料理をけなすことなどなかったのに、まずいと言って食べなくなった」「お菓子を自分の部屋でこっそり食べている」など、妻から佐藤さんの言動について相談がありました。

　対応として、娘との食事時間をずらすなど、気まずくなるような状況を避け

るようにしてみてはどうかと助言しましたが、家族の精神的なバランスをとっ
ていくことは難しいようでした。

　神経変性疾患と違い、脳梗塞の範囲が広がらなければ症状は進行しないため、
就労は継続できますが、一方で本人がうまく自己表現できなくなっていくこと
で気まずい状況になるなど、家族との関係が難しくなっていきました。佐藤さ
んの健康管理と併せて、家族の精神的なサポートをしてくれる医療機関を継続
的に受診することになりました。

3　前頭側頭葉変性症

　前頭側頭葉変性症は、若年性認知症の人が発症することが多いです。大脳の前頭
葉や側頭葉を中心に神経細胞が障害されるため、人格変化や行動障害、失語症、認
知機能障害、運動障害などが緩徐（かんじょ）に進行する神経変性疾患です。記憶障害はほとん
ど目立ちませんが、図 1-2 のように分類され、障害部位によっては脱抑制的な行
動や言語の障害が目立つタイプもあります。難病に指定されていますので、難病に
対する制度も利用できます。

　図 1-2 の①の部分は前頭側頭型認知症に分類されます。前頭葉の血流が悪くな
ると、脱抑制的な行動（我慢があまりできない、マイペースな行動）、常同行動（同じこと
を繰り返す）、食行動の変化（味の濃い物や甘い物をたくさん食べるようになる）、音などの
刺激に過敏に反応し集中力を欠くようになる、無気力・無表情になるなどの症状が

図 1-2　前頭側頭葉変性症の分類

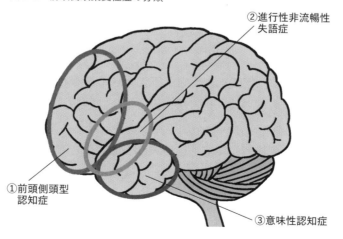

みられるようになります。

　図 1-2 の②の部分は、前頭葉と側頭葉の境目にあたり、そこの血流が悪くなると、進行性非流暢性失語症という症状がみられるようになります。これは、言いたいことがわかっているのに言葉が流暢に出てこないといったものです。

　また、図 1-2 の③の部分である側頭葉の血流が悪くなると、意味性認知症という、言葉の意味がわからないといった症状がみられるようになります。

　前頭側頭葉変性症は、アルツハイマー型認知症とは異なり、記憶障害や空間失認が目立たず、道に迷わずに同じ場所を周り、帰って来ることができたり、道具をうまく使うことができたりします。そのため、特徴的な症状を理解しサポートすることができれば、就労などを継続できる場合が多いです。その反面、自宅にいても生活に支障がないために、症状が進行するまで家族とだけで過ごしてしまい、サービスを利用したいときにそれを困難にしてしまうこともあります。言語障害に対しては、言葉以外に意思疎通の代替方法を検討したり、初期から言語療法を受け、本人の希望を聴き出したりすることが重要になります。

他の人とのかかわりをつなげていった前頭側頭葉変性症の遠藤さん

　遠藤よしおさん（仮名：50 代男性）は、自宅で布を裁断する仕事をしていました。前頭側頭葉変性症の診断をすでに受けていましたが、介護保険サービスは利用せず、自宅で妻のサポートを受けて生活を送っていました。

✦ 他の若年性認知症の人との交流

　日頃外に出る機会といえば、1 人もしくは妻と一緒に近所を歩いたりするだけでしたが、あるとき、「若年性認知症の人たちと歩く会」に妻と参加することにしました。

　すでに発語は少なく、握手した手を上下に大きく振るといった常同行動がありました。ふだんの散歩では、自分が行きたい方向に自由に歩いていましたが、「歩く会」では、途中で来た人も参加できるように決まったコースを歩くことになっていました。前頭側頭葉変性症の人は表情が乏しくなるといわれていますが、遠藤さんは他の人と一緒に歩くことを楽しんでいるようで、素敵な笑顔を見せていました。

　何度か参加すると、好きなコースに行けないときに、遠藤さんは支援者の手

を引いて自分の行きたい方向に連れていこうとするようになりました。言葉の意味はうまく伝わっていなかったかもしれませんが、遅れてくる人のために同じ道で行くことをジェスチャーを交えて伝えると、遠藤さんがお願いするように手を合わせたため、少しだけコースを外れて一緒に歩き、またコースに戻るというようにしました。このようにお互いにコミュニケーションを取ることや、少し我慢してもらうといった体験は、その後の介護保険サービスの利用を可能とすることにつながったと思います。

　前頭側頭葉変性症の人のなかには、言葉の意味がわかりにくいため、あるいは自分の欲求をうまく伝えられないために、人とのかかわりを避けようとする人もいます。しかし、遠藤さんはごく初期の段階で「歩く会」に参加したことで、他の人とのかかわりをつなげていくことができたのかもしれません。

✦ 前頭側頭葉変性症の特徴をよく理解するデイサービスの利用

　その後、遠藤さんは疾患の特徴をよく理解する職員がいる通所介護（デイサービス）を利用するようになりました。そのデイサービスでは、決まった時間に食事やコーヒーを楽しんだり、散歩したりするようにしていました。前頭側頭葉変性症の人は、時刻表的なパターンが実行できると精神的に安定し、落ち着いて過ごす時間をつくれる場合があります。また、道具を使って何かをするのがアルツハイマー型認知症の人よりうまいので、ハサミを使う作業なども上手に行うことができます。意思疎通ができる間に自身の気に入ることを見つけることができれば、症状が進行したときにも、道具を見せることで行動を導き出すことにつながります。遠藤さんは、決まった作業を導入することはできませんでしたが、その後も他の利用者とかかわりながら長くデイサービスを利用していました。

✦ 症状をよく理解したうえでのサポート

　前頭側頭葉変性症の人は、アルツハイマー型認知症のように、初期段階ではできないことが目立たず、ADL（Activities of Daily Living：日常生活動作）も自立しています。一方で、家族の思うようには動いてくれないこともあるため、本人のしたいようにさせ、家庭や決まった人間関係のなかだけで過ごすようになったりします。症状の進行によりコミュニケーションが取りづらくなり、脱抑制的な行動（同じものばかり食べる、お金を払わずに物を持ってきたり、食べたりす

る等）が強く出てくるようになると、困った家族が支援者に連絡してくる場合もあります。

　遠藤さんの家族も、認知症の進行により生じる常同行動や脱抑制的な行動の対応に困ることもあったかもしれませんが、長く自宅での生活を続けられたのは、初期段階での家族以外の人とのかかわりと、疾患の特徴を理解した支援者とのかかわりがあったからではないかと考えられます。

③ 若年性認知症の人を支援するうえでの特徴

1　ライフステージの違い

　高齢者の認知症との違いは、まず発症するライフステージが違うことです。そして、そのライフステージのなかで起こることへの対応が必要とされることです。若年性認知症は、働き盛りや子育てをしている時期に発症するので、生計をどのように立てていくか、子育てをどのようにしていくかが課題となります。仕事を続けていくにはどうしたらよいか、住宅ローンや生命保険、子どもの就学資金をどうしていくかなどの経済的支援が必要になってきます。また、親の介護の問題が出てくることもあります。

　2020（令和2）年の若年性認知症実態調査では、約6割の人が発症時点で就労し

図 1-3　ライフステージ

若年性認知症の場合、その人のライフステージのなかで、家族から期待される
役割があることも念頭に置いて、本人・家族を支援していく

ていましたが、そのうち約7割が調査時点では退職していました。また、約6割が世帯収入の減少を感じており、主たる収入源は家族の収入や障害年金が大半を占め、約1割が生活保護費という結果でした[6]。また、定年まで働けないことに対する不達成感があったり、定年まで勤めた人でも身体は元気だったりするので、体力を持て余す状態でもあります。このように、就労支援や経済的支援などのほかに、ライフステージのなかでの本人の気持ちをどうサポートするかも、若年性認知症の人を支援するうえでの特徴といえるでしょう。

2　症状の違い

認知症を疑うきっかけとして、主に高齢者を対象とした「認知症の診断と治療に関するアンケート調査」では、「もの忘れ」が74.6％となっています。対して、2009（平成21）年の「若年性認知症の実態と対応の基盤整備に関する研究」の介護家族に対する生活実態調査で示された調査結果では、「もの忘れ」は50.0％と割合が少ないことがわかります。その他、若年性認知症と最初に気づかれた症状としては、行動の変化、性格の変化、言語障害があげられています。前述のように発症の原因となる疾患が異なるため、気づかれる症状も高齢者とは異なると考えられます。

それぞれの若年性認知症の原因疾患に合わせた対応が必要になりますが、介護現場では前頭側頭葉変性症などの対応に慣れていないために、認知症の行動・心理症状（BPSD）がみられる状態だと対応困難と考えられ、サービス利用を断られることもあります。

また、若年性アルツハイマー型認知症の場合、高齢者よりも空間失認の症状が強い人が多く、階段を下りることや、エスカレーターに乗ること、衣服を着ることが困難になったりします。そのような症状に対して、的確に支援することが望まれます。

3　発見のきっかけが仕事や家事のミス

高齢者が認知症を疑われるきっかけは、薬を飲み忘れる、食事がきちんと摂れなくなる、道に迷う、被害妄想などです。一方、若年性認知症の人の場合は、仕事上のミスなどが受診のきっかけとなるため、行動の変化などでごく初期に発見されることがほとんどです。発見されるのも職場であることが多く、産業医や産業保健師

がかかわることもあります。

4 初期の対応がその後に影響

　若年性認知症の人は、年齢がまだ若く体力があるので、症状が進行し暴言・暴力や不穏が起こると、家族や地域での対応が困難となり、入所や入院をせざるを得ない状況になることもあります。若年性認知症は進行が早いといわれますが、個人差があります。本人が、初期段階の心理的葛藤の強い時期に新しく生きがいとなることを見つけ、置き換えることができれば、BPSD の生じにくい状態が長く続くことにもつながります。

　このように、初期にこそ適切な医療とサポートが必要であり、何よりも本人が他の当事者と出会える場をもてることが重要です。互いに経験を分かち合うことによって、できることがあることを知り、さまざまな困難への工夫を知ることができます。

　私たちが本人ミーティングなどで本人と話をしてみると、家族が心配していることや希望することと、本人の思いが異なることもあります。両方の思いを知ることの大切さと、双方の思いをすり合わせていくことの難しさを痛感します。

若年性認知症の人を取り巻く課題
社会的課題
・認知症は高齢者の病気と思われている。
・認知症になったらいろいろなことができなくなると思われている。
・本人、家族、支援者にも認知症への偏見がある。
・早期に適切な医療機関にかかることが難しい。
　　→仕事上のミスがあっても、産業医などから受診をすすめられないと病院に行かない。
　　→うつ病と間違えやすい。
　　→どこの医療機関に行ったらよいかわからない。
・医療機関から若年性認知症支援コーディネーターにつながらないことがある。
・働いている間に、会社側から困っていることに対する相談がない（あっても早期ではない）。

・傷病手当金、雇用保険（失業給付）を使えることが知られていない。

・傷病手当金、雇用保険（失業給付）を受給している半年から3年くらい仕事に就けない時期がある。

・若年性認知症の初期に経済的支援がほとんどない（特に自営業の場合）。

・若年性認知症専用のサービスがない。

心理的課題

・認知症や障害者といわれることに葛藤がある。

・思い描いた将来設計の変更をせまられる（運転が禁止になる、退職など）。

・定年前に退職することになった場合、不達成感がある。

・職場や家族に迷惑をかけたくない。

5 戸惑いや葛藤が大きいことを理解する

　表1-2は、高齢者の認知症の人と若年性認知症の人の気持ちや経済、サービスなどの面での違いや共通する部分などを示したものです。認知症の人によってそれぞれの思いがありますが、年齢によって戸惑いや葛藤を大きくしていることも理解しておく必要があります。

表1-2　高齢者の認知症の人と若年性認知症の人の違い・共通点

	高齢者での認知症	若年性認知症
認知症への戸惑い	年齢を理由にできることがある。	まさかこの年齢で、とショックが大きい。
気づきのきっかけ	薬の飲み忘れ、食事がきちんと摂れなくなる、道に迷う、被害妄想など	仕事や家事のミスなど
気づきの時期	中等度	早期
経済面	仕事からはリタイアしていることが多い。年金を受給している。	仕事が続けられなくなることがある。年金は受給していない。
サービスの整備	高齢者向けに介護保険が整備されている。	専用のサービスがほとんどない。既存の社会資源を活用。
精神的葛藤	若年者に比べて葛藤はあまりない。社会的役割を緩和できる。	家族を養わなければならない。生きる目標がなくなったと感じる。
本人の思い	尊重されたい。自信をもちたい。	

6　サービス利用のソフトランディング

認知症と診断されてすぐに、介護保険サービスが必要になるわけではありません。家族の思いだけでなく、本人の希望や得意なことを活かせるように、サービスを段階的に利用できることが必要です。働きたい間は就労への支援を中心に行い、介護が必要になってからも、訪問介護（ホームヘルプサービス）を利用して訪問介護員（ホームヘルパー）に手伝ってもらいながら家族の食事をつくるなど、本人の能力が活かせるようにサービスを利用します。

これは、その時々に必要な社会資源を利用できるよう、初期から少しずつ利用してソフトに変化させていく、ソフトランディングというものです。その時々にかかわる支援者は、次に必要なサービスにバトンタッチしていくイメージをもつことが大切です。支援が変化していく状態については、第4章❺（p.107）で述べています。

図1-4　支援のソフトランディング

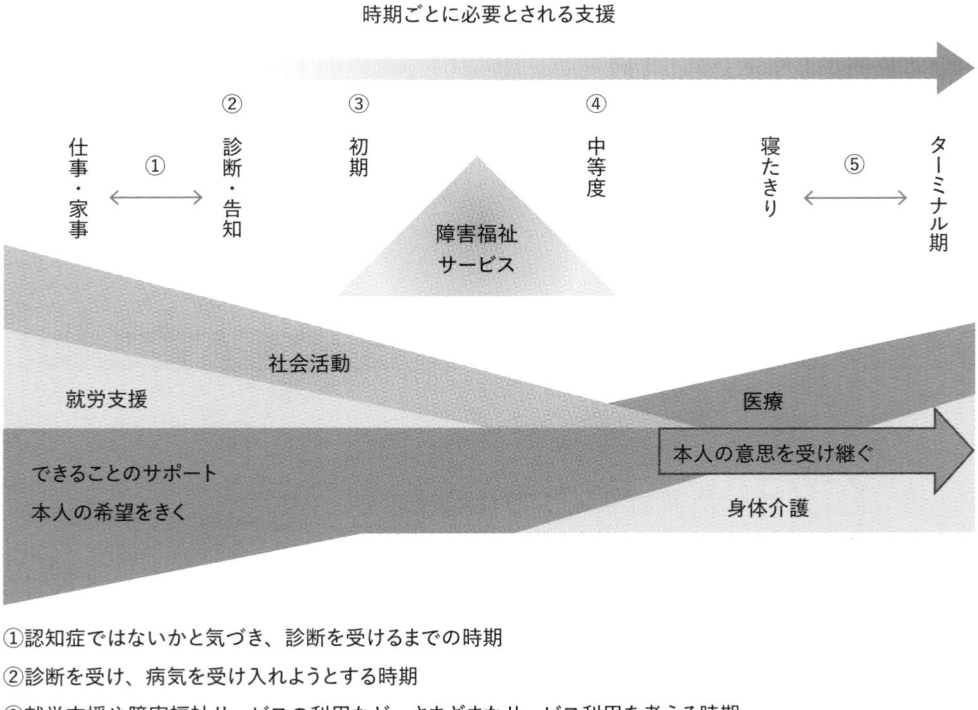

時期ごとに必要とされる支援
②
③
④
仕事・家事
①
診断・告知
初期
中等度
寝たきり
⑤
ターミナル期
障害福祉
サービス
社会活動
就労支援
医療
本人の意思を受け継ぐ
できることのサポート
本人の希望をきく
身体介護

①認知症ではないかと気づき、診断を受けるまでの時期
②診断を受け、病気を受け入れようとする時期
③就労支援や障害福祉サービスの利用など、さまざまなサービス利用を考える時期
④介護保険などのサービス利用をはじめる時期
⑤身体介護の比重が大きくなり、施設への入所や胃ろうなどについても考える時期

どういう制度が利用できるのか

1　制度の 3 本柱

　若年性認知症専用につくられた制度はありません。そのため、若年性認知症の人は、既存の各制度を横断的に利用していかなければなりません。

　まず、医療、障害福祉、介護保険を基本の 3 本柱と考えていきましょう。なかには、制度が違うのに同じ名称のものもあります。また、訪問看護や訪問介護（ホームヘルプサービス）、デイケアなどは、名称だけ聞くと混乱しやすいので、わかりやすいように表にしています（表 1-3）。背景となっている制度ごとに説明すると、本人や家族は理解しやすいです。

　既存の制度を利用するにしても、制度の説明などは若年性認知症に関するパンフレット類にほとんど書かれていません。そのため、各都道府県では、既存の制度のなかで若年性認知症の人や家族の利用頻度が高いものを、若年性認知症の支援ハンドブックとしてまとめているところもあります。説明するほうも、相談を受けるほ

表 1-3　若年性認知症の人が特に利用する 3 本柱の制度

医療	障害福祉	介護保険
自立支援医療（障害者総合支援法） ＊診察・投薬（外来のみ） ＊精神科デイケア ＊重度認知症デイケア ＊精神科訪問看護	障害者総合支援法 ＜自立支援給付＞ ＊居宅介護（ホームヘルプ） ＊就労移行支援 ＊就労継続支援 ＜地域生活支援事業＞ ＊移動支援（ガイドヘルパー）	40 歳以上（要支援・要介護になれば） ＊訪問看護 ＊訪問リハビリテーション（訪問言語療法） ＊訪問介護（ホームヘルプサービス） ＊通所介護（デイサービス） ＊通所リハビリテーション（デイケア） ＊短期入所生活介護・短期入所療養介護（ショートステイ） ＊小規模多機能型居宅介護 ＊認知症対応型共同生活介護(グループホーム) ＊特別養護老人ホーム等
指定難病の医療費助成 ・前頭側頭葉変性症などの難病に指定されている疾患の場合、外来と入院の費用が助成	精神障害者保健福祉手帳 ・初診から半年経過した後に申請 障害年金 ・初診から 1 年半経過した後に申請	

うも 1 冊にまとまっているものがあると便利です。全国的にまとめられたものもありますが、窓口の電話番号までわかると、本人や家族は手続きをしやすいでしょう。都道府県、可能であれば市町村ごとに若年性認知症の支援ハンドブックがあるのが理想です。

　医療、障害福祉、介護保険の 3 本柱のほかに、就労支援と経済的支援の側面から、傷病手当金、失業等給付の利用などもあります。詳細は第 4 章（p.82）で述べます。

2　若年性認知症の人への支援のポイント

①　本人や家族の力が出せるように

　仕事で時間がないときや、手続きや本人への対応に疲れて家族がうつ状態になってしまうことにより、制度の手続きがなかなか進まない場合があります。しかし、高齢者への支援のように支援しすぎない、申請の代行をしすぎないことが大切です。支援者は、情報を提供し、本人や家族に選択してもらえるように、考える時間をつくり、待つようにします。

　コラム（p.25）に載せているような地域ごとの若年性認知症の支援ハンドブックを作成するときには、行政と一緒に作成するとよいでしょう。聞き慣れない制度の名前はわからなくなりやすいので、ハンドブックに付箋などを付けて示すとよいでしょう。

　また、支援者の経験から難しいのではないかと思うことでも、本人や家族が希望することは止めないことが大切です。まずは、経験してもらったうえで決めてもらいます。難しいと思うことでも、うまくいくことがあるかもしれません。

　例えば、ハローワーク（公共職業安定所）に仕事を探しに行くとき、ほとんどの人はこれまでに経験した仕事と同じような仕事を探そうとしますが、その仕事に就くことが難しい場合が多いです。しかし、本人がハローワークに行きたいというときは、止めないようにしましょう。また、知人からすすめられた仕事をうまく継続す

ることができたということもあります。この場合の多くは、知人が認知症によりできないことを理解して、さりげなくサポートしていました。本人や家族が、知人等を通じて仕事を見つけることも応援しましょう。

②　予想していなかったショックに対するサポート

年齢的に認知症になると思っている年代ではありませんから、ショックは大きいです。病気を認めることができず、仕事や車の運転などをやめることができなかったり、服薬の拒否や障害者の制度を使うのにもためらいがあったりします。また、ローンが払えなくなったために、家を手放すなど、諦めないといけないことがあったり、サービスや制度を使いたいと思っても、地域によっては前例がないためにスムーズに利用できないことが続くこともあります。

ショックが続くと、やり切れない気持ちのもっていきようがないため、本人や家族は支援者に対して攻撃的になってしまうこともあります。そうした場合は、支援者のペースで進めようとせず、その気持ちを時間をかけて受け止めていくことが大切です。「では、半年後にもう一度相談しましょう」などと時間を区切って、本人や家族がいつでも連絡しやすいような関係を維持しましょう。

また、制度の利用が思うように進まない場合は、役所の窓口や行政担当課に、支援者が代わりに問い合わせてみましょう。

③　前とは違う方法を見つけられるようにする

同じ立場の本人や家族と交流することによって、認知症になったらできないと思われていることへの、新しい対応策を積極的に取り入れることができるようになります。

精神科デイケアへの通所や介護保険の通所介護（デイサービス）などの利用をためらっていた人も、他の若年性認知症の人から実際に利用している内容を聞くと利用しやすくなります。また、障害者手帳の取得や活用も積極的にできるようになるかもしれません。支援者は、本人や家族が交流して情報を得られる場をつくっていくことが望まれます。交流会などの開催方法は第3章（p.73）で紹介します。

④　経済的支援の重要性

一番のストレスであり、切実な問題として、経済的な問題があります。経済的な面では、傷病手当金や退職金、失業給付など概ね図1-5のような支援が考えられます。傷病手当金などの支給要件は、会社や職場からの離職状況によって異なります。傷病手当金や失業給付、障害年金については、第4章❹（p.102）で詳しく説明します。

図 1-5　経済的支援の流れ（例）

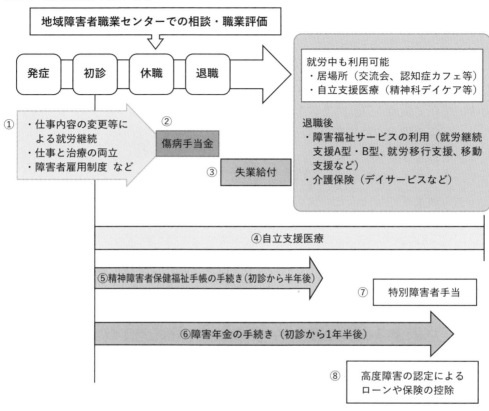

〈経済的支援について〉

　　具体的には、図 1-5 の①〜⑧といった支援が時期に応じて考えられます。

①　診断が就労中にあれば、仕事内容の変更等により就労継続の可能性があります。

②　休職することになれば、傷病手当金を 1 年半ほど受け取ることができる可能性があります。

③　傷病手当金の受給期間が終わると、失業給付を受けることもできます。

④　自立支援医療の手続きができれば、医療費負担を軽減することができます。

⑤　精神障害者保健福祉手帳の手続きは初診から半年後に可能になります。

⑥　障害年金の手続きは初診から 1 年半後に可能になります。

⑦　特別障害者手当は、精神または身体に著しく重度の障害を有し日常生活において、常時特別の介護を必要とする状態にある 20 歳以上の在宅療養者に支給

されます。受給資格者、もしくは配偶者（または受給資格者の生計を維持する扶養義務者）の前年の所得が一定の額以上であるときは支給されません。

⑧　認知症で高度障害に該当するのは、「言語またはそしゃくの機能を全く永久に失った」状態か、「中枢神経系・精神または胸腹部臓器に著しい障害を残し、終身常に介護を要する」状態が考えられます。

⑤　若年性認知症の本人や家族への就労支援

支援者は、本人の就労支援のためにハローワークに同行したり、障害者の就労支援を行う機関と連携したりすることが必要になる場合があります。また、家族に対しても、働き続けられるように制度の活用をすすめたり、精神的に支えていくことが必要になってきます。

COLUMN

地域で支援ハンドブックを作成する際に気をつけてほしいこと

地域で若年性認知症の支援ハンドブックを作成する際に気をつけてほしいことがあります。それは、若年性認知症支援コーディネーターや認知症地域支援推進員だけでなく、介護保険の高齢福祉分野、障害や就労、医療の分野の行政担当者を集めて、すり合わせをすることが重要だということです。私たちが大阪府の担当者と一緒にハンドブックを作成したときは、複数分野の行政担当者との会議を行うだけでなく、担当者がさらに各部署とのすり合わせを行っていました。都道府県の担当者のなかですり合わせを行うことで、市町村の窓口でも利用できる説得力のあるものになります。

大阪府の「若年性認知症支援ハンドブック」
https://www.pref.osaka.lg.jp/attach/24893/00227472/handbook2017.pdf

第 **2** 章

若年性認知症の人を
支援する

就労支援

1 職場での変化から受診まで

1 働いている時に受診をすすめたほうがよい出来事

① 今までやっていた仕事に徐々に支障が出てくる

これまでやってきた仕事に支障が出てきたことを、同僚など周りの人が感じるようになります。例えば、営業の仕事の場合、アルツハイマー型認知症の症状により、取引先などと会う約束を忘れてしまったり、商談の内容を思い出せなかったりすることが多くなり、仕事を続けるのがだんだんと難しくなります。

また、パソコンを使うような仕事の場合、パスワードがわからなくなる、企画が立てられない、図面が描けなくなる、などといったことが起こります。

② うつのような症状になる

本人は、仕事が以前のようにできなくなることで自信がなくなり、やる気も減退します。40代、50代になると、企業のなかでもベテランとして、地位やプライドをもって働いているため、任されていた仕事とは異なる内容に変更となったりすると、プライドが傷ついたり、慣れない仕事は余計にできなかったりします。

会社からの評価が下がることで、気分的にも落ち込み、心療内科などを自分から受診したり、うつ病の診断を受け、服薬している場合もあります。不眠や倦怠感が続き、休んでも回復しないということを家族に訴えることもあります。

③ 焦りから出社が早くなる

仕事でミスをしないか不安になって、早い時間に出社したり、仕事が休みの日も出社して、できないことをなんとかカバーしようとしたりします。

④ 周りのせいだと思うようになる

　仕事が思うようにできないことに対して、「周りの人たちに意地悪をされている」「自分が仕事をできないのは周りのせいだ」と被害的な思考になる場合もあります。

⑤　道に迷い、会社に行けなくなる

　異動により今までと違う場所に通勤することになったものの、会社や目的地までの道に迷い、1人で行けなくなったことが受診のきっかけになった人もいます。

⑥　勝手な人と思われる行動をとるようになる

　前頭葉の萎縮や脳梗塞などがある場合、もの忘れは目立ちませんが、他の人への気遣いができず、勝手な人と思われる行動をとったり、重要な書類を無断で持ち出そうとして会社側が困ってしまうということもあります。指示した仕事をせずにゲームをしたり、休み時間を長くとっていたりしたケースもありました。

　また、上司が指示した通りの仕事ができず、自分でアレンジしてしまったり、評価を返しても本人が忘れてしまうため、改善しようとする姿勢が見られず会社が対応に困るといったこともありました。

2　早期受診

　仕事ができなくなっている原因が、認知症によるものなのかを明確にする必要があります。仕事内容を軽量化しても改善できない場合は、認知症の可能性も疑って、仕事を辞める前に、早期に受診につなげることが重要となります。

　原因が明確になるとサポートを受けやすくなるので、まずは医療機関に行ってみるようにします。さまざまな医療機関に行っても診断がはっきりしない場合は、若年性認知症支援コーディネーターが本人からの相談内容をふまえ、認知症疾患医療センターなど若年性認知症の診断経験が豊富な医療機関を紹介するようにしましょう。

若年性認知症支援コーディネーターは、都道府県（一部指定都市）のほとんどに配置されています。地域包括支援センターは高齢者のサポート経験は豊富ですが、若年性認知症に関しては、あまり経験豊富とはいえません。地域包括支援センターの職員も自分たちだけではわからない場合は、若年性認知症支援コーディネーターに一度相談してみましょう。

3　仕事を続けていくために

　なかには、認知症の診断を受ける前に、仕事を辞めてしまう人もいます。まずは診断を受け、仕事に不都合が生じている原因を明らかにしましょう。

　認知症と診断されても、働いている人は多くいます。配置転換やジョブコーチ（職場適応援助者）支援を受けることが検討できないか、支援者が本人の了解を得たうえ

表 2-1　認知症の初期に受診することのメリット

> ・**早期の治療ができる**
>
> 　アルツハイマー型認知症の場合、服薬により症状の進行を遅らせることができる。脳血管性認知症の場合は、高血圧の治療を行ったり、脳の血流を改善する薬を用いたりして、脳梗塞や脳内出血の再発を防ぐ治療をすることができる。
>
> ・**制度の早い利用につながる**
>
> 　制度を利用するには初診日が重要になる。例えば、精神障害者保健福祉手帳は、初診日から 6 か月以上経過した時点で作成される。若年性認知症の場合、就労している間に発症することが少なくないため、できるだけ早く診断を受けることによって、制度を早く利用することにつながる。
>
> ・**生活の工夫をする期間をもつことができる**
>
> 　まだ症状が軽い初期の段階であれば、自分の生活を工夫する時間をもつことができる。

で会社に確認するようにしましょう。

　これらのことは、本人や家族だけで行うのが難しくても、さまざまな支援者の協力を得ることで、今の職場で就労を継続したり、他の職場に移ったりすることも可能となります。こうした状況は、同じ職場の同僚や上司の人にとっても他人事ではないのです。認知症は誰がなってもおかしくない病気だからです。

　現在、病気があっても働き続けられる社会が目指されるようになってきています。認知症の人が仕事を続けるうえで、どのような支援をしていくとよいのかを理解し、諦めないようなかかわりをもつようにしましょう。

　在職中に診断を受けることで、障害年金の障害基礎年金と障害厚生年金を受けることが可能になります。受給の要件なども異なってくるので、退職後の経済面のことも考え、なるべく就労を継続できるように支援しましょう。

② 仕事の継続や復職につなげるには

1　生活リズムを整える

　「治療と職業生活の両立等の支援対策事業」（平成 25 年度厚生労働省委託事業）における企業を対象に実施したアンケート調査によれば、疾病を理由として 1 か月以上連続して休業している従業員がいる企業の割合は、疾病別にメンタルヘルスが38％、がんが 21％、脳血管疾患が 12％となっています[1]。

　メンタルヘルスや脳血管疾患を理由としている人のなかにも、数年後には、若年性認知症と呼ばれるようになる人もいるかもしれません。現に、脳梗塞発症の数年後に、認知症の症状があらわれて相談に至ったケースもありました。さらに、若年性認知症の人が最初はうつ病と診断され、抗うつ薬を飲んでも効かない状況でしたが、医師に症状や服薬状況を適切に伝えられず、診断が遅れたというケースもありました。

　また、脳梗塞になった場合、目に見えるような後遺症が残っていないことにより、リハビリテーションや生活習慣病の改善がされないままでいることもあります。その結果、数年後に生活に支障が出るようになり、脳血管性認知症となってしまう人などもいます。早期に相談といっても、生活に支障がない間は放置されがちです。

表 2-2　生活リズムを整えるために大切なこと

- **バランスのよい食事にする**

  コンビニ弁当、パン、外食（丼もの、麺類）は、炭水化物が中心になってしまう。野菜やきのこ、海藻類もしっかり摂れる食事にする。

- **夜遅く食事をしない**

  夕食は、寝る 3 時間前までには摂り、その後の空腹時間をつくるようにする。空腹時間を 8 時間から 12 時間つくることで老廃物を出しやすい身体になる。

- **睡眠時間を 8 時間くらいしっかりとる**

  寝ている間に脳を回復させる。昼間に疲れて寝る場合は、30 分以内とする。

- **適度な運動をする**

  脳には有酸素運動がよいといわれている。1 日 30 分程度歩いたり、ラジオ体操などを生活のなかに取り入れるようにする。

- **こころを落ち着けるリラックスの時間をとる**

  心配や不安な気持ちを取り除く練習を、家族とともに行う。動画などでも、いろいろなリラクゼーションの方法が提案されている。

　仕事の継続や、復職につなげるためには、診断がその第一歩となりますが、同時に認知症の発症に関係する生活習慣の改善も重要になります。高血圧、糖尿病などがある場合は、その病気の管理をしていくことも大切です。

　本人が仕事で単身赴任している場合には、サポートできる家族のもとへ可能な範囲で帰ったり、食事の改善のために宅配弁当などを定期的に購入したりすることを促すなどして、本人の食生活の改善をすすめます。休職している場合も、医療保険の精神科デイケアなどに通うことで生活リズムを整えることにつなげます。

2　休職している間に過ごす場の必要性

　本人が、若年性認知症により仕事がうまくいかないなどのストレスで、精神的にも肉体的にも疲れている場合は、一旦休職して体調を整える時間も必要です。体調が整うことによって、復職して就労が継続できる場合もあります。

　休職後、傷病手当金が支給される期間に入ったとき、ただ家にいて過ごすだけで

図 2-1　時期に応じた支援の流れ

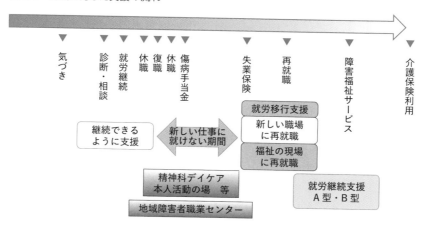

　はなく、その間に復職を目指して、何らかの努力をしていたという実績は、その後
の就職活動において重要になります。家で家族と過ごしているだけでは、認知症が
進行する可能性もありますし、傷病手当金の受給期間を終え、介護保険サービス等
を利用するとなったときにも、それまでに家族以外の人との交流をしていたほうが
利用しやすくなります。休職中に家族とだけ交流していると、他の人と交流するの
が億劫おっくうになったり、自信のなさから自分の殻に閉じこもってしまい、外出が難しく
なったりするためです。

　家族以外の人とも交流できる場所として、認知症カフェや地域カフェ、デイサー
ビスの手伝いとして、あるいは精神科デイケアでその時期を過ごす場合もあります。
同じ若年性認知症の人と過ごす場所があることで、同じ悩みを共有したり、大変な
のは自分だけではないと知ることで、頑張っていくことができます。

　そういった場の1つである、若年性認知症の人のボランティアの場「タック」に
ついては、第3章（p.60）で紹介します。

3　新しい仕事に就けない時期の支援

　診断を受け、傷病手当金を受給する前の休職あるいは傷病手当金を受給している
期間（在職して傷病手当金を受けている間）は、仕事ができないために休んでいるので、
新しい仕事を探しにいくことはできません。医療保険の精神科デイケアや介護保険
サービスなどは受けることができますが、介護保険の要介護度が認定されにくい場

合が多いです。

　この期間に働き続けるための支援として、地域障害者職業センターなどを活用することが考えられますが、そのほかにほとんど活用できるサービスがないために、支援の「空白期間」といわれたりします。

　就労支援の方策としては、下記があげられます。

---

① 現在の職場で継続して就労できるように支援すること

② 退職になり傷病手当金を受給している間に、認知症が進行しないように支援すること（転職するための準備訓練（この時期の支援がほとんどない））

③ 失業保険の受給中に次の仕事に就けるように支援すること（就労移行支援事業所の活用）

④ 新しい職場での就労を支援すること（福祉現場での就労）

⑤ 福祉的就労（就労継続支援A型、B型事業所への就労）

---

③ 同じ職場での就労継続——復職

　復職に不安を抱えていたり、どんな仕事なら続けられるのか悩んでいたりする人は、地域障害者職業センターを活用することができます。地域障害者職業センターは、障害のある人に対する職業リハビリテーションを提供する施設で、事業主と就労者の両方をサポートします。

　就労者へのサポートとしては、職業評価があります。仕事の能力を評価する「職業評価」を受けると、本人にとって何が難しくて、何ができるのかがわかります。また、職業準備支援では、苦手な仕事内容を、どのようにサポートすればできるようになるか、プロセスを明確化し、その訓練を実施します。ジョブコーチ（職場適応援助者）支援事業では、実際にジョブコーチが職場に赴き、本人が仕事を遂行できるか確認したり、本人のできる仕事を職場内で確立していくサポートをします。

　企業や本人・家族からも申し込みはできますが、支援者が申し込むほうがスムーズにできます。センターを紹介するだけでなく、申し込みや同行もするようにしましょう。

図 2-2　就労支援のしくみ

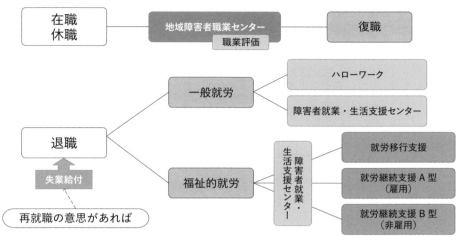

　職業評価は、医療機関での心理検査と似ていますが、仕事に必要な能力を測るものなので、病院ではわからなかったことが明確になることもあります。診断とは別物で、仕事に必要な能力、記憶や集中力、手指の巧緻性などが評価されます。

　ここで、地域障害者職業センターと連携して支援した事例を紹介します。

復職につながった佐々木さん

◆ 佐々木けんたさん（仮名）について

・50 代前半、男性
・妻、子ども 2 人の 4 人で暮らしている
・保険の営業の仕事をしていた
・口数は少ないが、何事にも真面目に取り組む
・食器洗いをお願いすると丁寧に洗ってくれる

◆ 相談に来られたきっかけ

　S 県で 5 年ほど保険の営業の仕事をしていましたが、N 県に転勤になってからは仕事がうまくいかず、仕事の内容が営業から事務に変更となりました。しかし、新しい仕事が覚えられず、同僚のサポートもなく、体調不良もでてきたことから、受診をすすめられました。診察を受けたところ、アルツハイマー型認知症の疑いがあると診断されました。

会社からは休職もすすめられましたが、どうしたらよいのか、復職できる可能性はあるのか、佐々木さんと妻が若年性認知症支援コーディネーターの事務所に相談に来ました。

✚ どんな支援方法が考えられるか（支援で大切にするポイント）

① 本人の働きたい気持ちの確認

　就労支援は、何といっても、本人の働きたいという気持ちを汲んでの支援となります。そのため、支援者は、本人の気持ちを節目節目で確認するようにします。相談に来るときには、職場で疲れていたり、嫌な思いをしたりしている場合が多いので、まずは十分な休養を取ってもらうようにすることも大切です。年齢が若く、定年までまだ長い期間が残されていたり、就学している子どもがいたりする場合は、復職の必要性とそれに向けての意欲が高いことが多いです。

② 会社とやりとりする本人・家族を支える

　本人や家族は、会社に気を遣って、言いたいことをうまく伝えられず、不利になる場合があります。そこで、支援者は会社と本人・家族の間に入り、不利にならないように調整します。

　復職にあたって、会社と連絡がとれる場合は、本人や家族の承諾を得たうえで、会社に連絡して若年性認知症支援コーディネーターが支援にあたることを伝えます。

　本人や家族から、会社がどのように連絡してきているのかを確認し、会社との面談のときには同行するようにします。復職の可能性が高い場合は、地域障害者職業センターの協力も得ます。

③ 復職までの経済的支援

　復職するまでの経済的支援として、傷病手当金や自立支援医療の利用、精神障害者保健福祉手帳の取得、障害年金の案内を行います。そのメリット、デメリットを伝え、取得するか選択してもらいます。

④ 医療機関の変更の検討

　佐々木さんは、当初、会社が指定した遠方の医療機関を受診していました。しかし、そこは若年性認知症の診断をあまり行っていなかったため、若年性認

知症の診断・治療の経験が豊富な医療機関を受診することをすすめました。そこでは、経済的支援に必要な診断書などを適切に用意してもらうことができ、また、病気について、担当医師から会社の上司に説明してもらうこともできました。

⑤　復職までの認知症の進行を遅らせるために

会社から、復職のための具体的な転属先の提案をしてもらうまで1年余りかかったので、その間認知症の進行を遅らせるために、若年性認知症の人たちとの交流会や、ボランティア活動の「タック」（第3章参照）への参加を促してみました。また、自宅の中でも役割をもてるように家事をしたり、食事や運動、生活リズムなどに気をつけるように佐々木さんと妻にアドバイスをしました。

本人同士で交流することが、認知症に対する思いを変化させたり、障害者手帳の取得や、会社に認知症のことを伝える抵抗感の薄れにもつながります。

◆ 支援の経過（復職までの支援のプロセス）

①　地域障害者職業センターで職業評価を受ける

精神障害者保健福祉手帳が取得できていなくても、取得見込みの状況を伝えたり、会社に提出した診断書等のコピーがあれば、地域障害者職業センターに職業評価を依頼することができます。職業評価により、本人の意欲、職業の適性、仕事上困難になっていることなどを支援者が知ることができます。

佐々木さんは、会社側から地域障害者職業センターの利用を案内されていたので、家族が連絡をしましたが、利用までに時間がかかると言われました。地域障害者職業センターの利用には、認知症の症状の特性をふまえたサポートが必要なので、若年性認知症支援コーディネーターからの申し込みと同行が重要になります。

②　会社との面談に同行する

本人や家族が会社と面談するときには、若年性認知症支援コーディネーターが同行し、本人が復職に向けて努力していること、最近の様子、できていることなどを伝え、少しでも復職の可能性を見いだせるようにします。職場での理解を深めるために研修が必要な場合は、コーディネーター側で若年性認知症に関する研修を実施できることも伝えます。

③　地域障害者職業センターに職業準備支援やジョブコーチを依頼する

　　佐々木さんの会社が復職後の仕事内容や部署など明らかにしてきたときは、地域障害者職業センターに職業準備支援やジョブコーチを依頼します。そして、地域障害者職業センターの職員と本人・家族の打ち合わせや、会社への初回訪問に同行します。会社の都合で本人・家族が不利にならないように条件を調整したり、本人に配慮してほしいことを伝えます。

④　ジョブコーチとの連携

　　地域障害者職業センターに配置されているジョブコーチは、佐々木さんの復職後の部署での支援計画をもとに会社を訪問しました。佐々木さんが作成した業務 ToDo チェック表が業務遂行に十分なものかを確認したり、実際の業務の動きを見てチェック表の修正を佐々木さんと会社とで一緒に行ってもらったりしました。

　　また、マニュアルの作成のほか、行うこと（予定）と終わったこと（終了）が常に手もとで見えるようにメモリーノートを導入し、指示の抜けがないように確認してもらえるよう会社に助言しました。さらに、佐々木さんの疲労やストレスを感じていることについて、話し合いの時間をもつようにしてもらいました。

　　ジョブコーチは、一緒に働く人たちに対しても、口頭での指示だけでなく、指示内容が具体的に見えるかたちでの指示をお願いしました。コーディネーターへは、ジョブコーチから半年間の支援経過の報告があり、今後も1か月に1回、1年間フォローしてもらえるとの連絡を受けました。

☞ポイント

□常に本人に同行するのではなく、地域障害者職業センターへの初回相談や会社との面談など、要所要所で同行し、本人が1人でできることはしてもらいます。そうすることで本人の自信にもつながり、支援機関や会社側にも自分でできることをみてもらえます。
□会社との面談への同行は一度に済ませようとせず、本人が理解し、早く慣れることができるように、何度も訪問して、手順を踏むようにします。
□すべて1人で支援しようとは思わず、仕事の具体的なサポートに関しては、地

域障害者職業センターの職員に委ねるようにするなど、連携することが大切です。
□佐々木さんが他の若年性認知症の人たちと過ごし、病気を受け入れることで、
　会社との話し合いでも認知症のことをオープンにして、サポートしてほしいこと
　を本人が伝えられるようになります。
□復職後、本人が不利にならないように、また、必要な配慮がしてもらえるように、
　会社に条件等を伝えるようにします。

　このように、在職中もしくは休職中の場合は、地域障害者職業センターのサポートを得て、復職につながる支援ができます。また、続けていくうえで、産業医や産業保健師などの協力が必要となる場合もあります。次の職場を見つけるより、同じ職場に継続して勤めるほうが、今までの人間関係から同僚の理解も得られやすく、就労期間が長くなることが多いです。まずは辞めずに続けられる方法を、本人や家族、職場と一緒に考えていくことを試みましょう。

4　新たな職場へ──福祉現場での就労

　すでに退職している場合は、失業給付を受ける間にハローワーク（公共職業安定所）で仕事を探すことになります。しかし、仕事を続けられなくて辞めることになっていたりするので、次の仕事を本人と家族だけで見つけることは難しいです。
　そうしたなかで注目してほしいのは、認知症ケアに熱心に取り組んでいる社会福祉法人などが、法人内の事業所で若年性認知症の人の就労にも取り組んでいるということです。ここで、新たな職場としての福祉現場での就労事例を紹介します。

高齢者施設での就労につながった高橋さん

◆ 高橋けんじさん（仮名）について
・50 代後半、男性
・妻、子ども 1 人の 3 人で暮らしている
・30 年間、事務仕事をしてきた

・まじめな性格で人当たりもよい
・介護保険サービスは申請しておらず、複雑でなければ、乗り換えを含めた電車・
　バスなどの利用は可能

◆ 相談に来られたきっかけ

MCI（軽度認知障害）（後にアルツハイマー型認知症）と診断

　高橋さんは MCI と診断された後、30 年勤めた職場を退職しました。その後、清掃会社に再就職したものの、新しいことを覚えられず、3 か月で退職していました。主治医は高橋さんの状態が気になっていたので、「何か社会資源を使えないか」と認知症地域支援推進員※に相談しました。

※地域の人から認知症に関する相談があった際に、その専門知識を活かして相談業務に応じたり、地域のネットワークづくりにかかわる活動を行っている（活動の詳細は、市町村によって異なる）。

初回相談

　認知症地域支援推進員は、高橋さんと妻とともに、社会資源について、若年性認知症支援コーディネーターに相談に来ました。

　高橋さんは、日中はほとんど家にいて、外出することは少なくなっていましたが、散歩だけは、認知症の予防にと続けていました。家にいると遊んでいるように感じたこともあり、賃金の額に関係なく、仕事に就くことを希望していました。

　面談では、自立支援医療、障害年金、雇用保険などの説明を行いましたが、いずれも申請などはまだしていませんでした。妻は、「夫が毎日出かけるところがあればいい、できれば仕事をしてもらえればありがたい」と話しました。そこで、ボランティア活動の場「タック」（第 3 章参照）に、週 4 日参加することに決まりました。

◆ どのような支援方法が考えられるか（支援で大切にするポイント）

① 制度の利用状況の把握

　相談に来る本人や家族のなかには、すでに、受診先の病院や地域の相談機関から利用できる制度についての説明を受けている人もいますが、「何も知らなかった」という人もいます。自立支援医療など、診断直後から利用できるもの

もありますので、初回面談時には制度の利用状況を聞き、申請していない制度があれば、説明をして申請のサポートをしましょう。

②　就職の準備に向けて──作業評価と職業評価

　高橋さんは一度仕事を離れており、1日中家で過ごす期間もあったことから、すぐに就職先は探さず、作業がどれくらいできるかの見極めをすることにしました。高橋さんの「仕事をしたい」という気持ちを受け止めつつ、どんな仕事が適しているのかを探すことが必要です。そのため、タックでの作業評価と、地域障害者職業センターでの職業評価を受けました。

③　仕事の探し方──各機関の連携

　高橋さんの場合、医師→認知症地域支援推進員→若年性認知症支援コーディネーター→地域障害者職業センター、ハローワーク→就労先の職員、とうまくバトンがつながれていきました。もし、どこかの機関・担当者が抱え込んでしまっていたら、高橋さんのスムーズな就労支援は成立しませんでした。重要なのは、各機関・担当者が、連携する先を知っていることです。若年性認知症の人の支援は、高齢者支援、障害者支援、もしくは医療、介護の垣根を越えて連携をしていかないと、その人に合った支援を行うことはできません。

④　就職後のサポート

　高橋さんが勤めることとなった通所介護(デイサービス)の事業所にとって、若年性認知症の人の就労を受け入れるのは初めてのことでした。高橋さんの"働きたい"という気持ちに応えてもらいましたが、ともに働くこととなる職員に複雑な気持ちがあったことは確かです。ただでさえ少ない職員体制のなか、高橋さんのサポートもしなければいけないのかという気持ちにもなったでしょうし、賃金に見合った働きが高橋さんにできるのか、疑問に思った職員もいたことでしょう。福祉的就労とは違い、「自分たちの同僚として働く」ということには難しさがありました。

　しかし、受け入れた事業所は諦めず、職員との面談を繰り返しながら、高橋さんの「できること」を見つけて仕事につなげていきました。若年性認知症の人を受け入れた事業所では、本人が働き続けることができるように、定期的なフォローやカンファレンスなどが必要です。カンファレンスでは、若年性認知

症支援コーディネーターが、作業方法や作業量、職場環境などを、事業所側と一緒に考えていきました。

◆ 支援の経過（就労までの支援のプロセス）

① 「タック」での作業

　事業所に就職する前のタックでは、高橋さんは遅刻をすることなく１人で通えており、他の参加者たちともコミュニケーションがとれていました。参加者同士で打ち解けていくなかで、「タックで大切な仲間ができた」と語るようになっていきました。他の参加者たちとの共同作業の場では、リーダーとして集団を引っ張る役割ではありませんでしたが、率先して動くなど協調性や積極性がありました。タックに新しい参加者が来ると、タックの魅力を語り、「病気になってもみんなで支え合っていこう」「仲間だから」などという発言も聞かれました。

　個人の作業に関しては、タックのスタッフの指示を理解し、その場で求められる業務を正確にこなしていました。タックの定期的な利用によって、生活にもメリハリがつき、自宅でも規則正しい生活が送れるようになっていました。そこで、タックでは、就労支援を受けられる可能性があると判断しました。

② 地域障害者職業センターでの職業評価

　タックに半年通った後、本人、認知症地域支援推進員、若年性認知症支援コーディネーターの３人でハローワークに行き、地域障害者職業センターで職業評価を受けたいと伝えました。職業評価の結果は、「体力があり、面倒見のよい人。単語などの即時再生はできるが遅延再生はできない。２つ以上のことを処理しようとすると見落としがある。手順は一定で成果物が見える、身体で覚える繰り返しの作業が適している」というものでした。

③ 本人に合った仕事を探す

　早速、ハローワークに履歴書と職務経歴書を持参し、職業評価をふまえた相談の結果、高齢者施設での就労の可能性を探ることとなりました。認知症地域支援推進員は、高橋さんの住む地域にある33か所の高齢者施設に電話などをして受け入れ先を探し、うち１か所の通所介護事業所から受け入れ可能との返事がありました。その事業所は、地域における認知症の人への支援に熱心な

ところでした。1 週間ボランティアとして働いた後、高橋さんは週 4 日、4 時間の条件での採用となりました。

④　高橋さんを受け入れた事業所の悩み

　高橋さんの作業としては、食器洗い、配膳・下膳、利用者の食事量チェック、機能訓練の補助、浴室の清掃などがありました。そのなかで、メモを取ることはできてもメモの内容を忘れてしまう、仕事をし出すと周りの声が聞こえなくなってしまう、「間違えてしまわないか、しっかりできるだろうか」という焦りを感じてしまうことなどが課題としてあがってきました。食事の配膳は問題なくできていましたが、記憶が不確かな高橋さんにとって、利用者の食事量を覚えてメモし、下膳することは難しいことでした。

　また、事業所の職員からは「同じ職員なのに高橋さんはあまり仕事をしていない。頼んでいることをしてくれない。ただでさえ職員不足なのに、高橋さんのサポートもしなければいけない」と、不満も出てきました。

⑤　就労継続のためのサポート

　若年性認知症支援コーディネーターは、認知症地域支援推進員とともに事業所を訪問し、事業所の担当者とカンファレンスを行いました。カンファレンスでは、作業の見直しと浴室清掃などについて写真付きのマニュアルをつくることを検討し、新たに作成することにしました。高橋さんのために作成されたマニュアルは、結果、他の職員の仕事のしやすさにもつながっていきました。

　事業所の管理者は、高橋さんとの忘れられないエピソードとして、次のことを話しています。「自分が職員との関係に悩んでいたとき、高橋さんが、『片目を閉じれば、また違った風景がみられるよ』と言ってくれた。その言葉に助けられた」と。

　これは、サラリーマンとして 30 年仕事をしてきた、高橋さんだからこその言葉なのではないでしょうか。その後も、事業所では他の職員との調整を続けながら試行錯誤を繰り返し、高橋さんは定年まで勤めることができました。

☞ポイント

□本人が働きたいという意欲をもっていても、長く仕事から離れていた人の場合は、規則的な生活や集団への慣れのためにも、まずは職場とは違う「毎日通える場所」を利用することで、就職活動がスムーズに進むこともあります。

□高齢者支援、障害者支援、医療、介護の分野など、各機関の連携が必要です。支援者は自分のところだけで抱え込まず、うまくバトンタッチをしていきましょう。

□就労した後も、随時サポートを行います。本人のサポートはもちろんですが、受け入れをした事業所側のサポートも必要です。

下坂さんのデイサービスでの再就職

清水真弓　京都市域京都府地域リハビリテーション支援
センターコーディネーター / 理学療法士

✦ 下坂厚さんについて

・46歳、男性
・妻と2人で暮らしている（子ども2人はすでに結婚し別居）
・20代の頃はプロの写真家として仕事をしていた。写真は趣味として継続。
・その後、鮮魚店で働き、さらに仲間とともに独立して、新たに水産関係の会社をはじめた。
・バイクや自転車で通勤していたが、認知症の診断後、しばらくしてから乗らなくなる。
・人の話をじっと耳を傾けて聴き、笑顔が素敵である。

✦ 相談のきっかけ

　下坂さんの住む地域の認知症初期集中支援チームより、「若年性認知症と診断されたばかりの方が、水産関係の仕事で困っていることがあるようなので、一緒に支援してほしい」と、地域リハビリテーション支援センターに相談がありました。そこで、認知症初期集中支援チームと地域包括支援センターの職員とともに、仕事上でのリハビリテーションに関する相談支援としてかかわることとにしました。

◆ どのような支援方法が考えられるか（支援で大切にするポイント）

① 仕事を辞めるに至った経緯と心情を聴く

　　認知症初期集中支援チームと地域包括支援センターの職員とともに、水産関係の仕事をうまくできるようにすることなどを相談するために下坂さんの自宅を訪問すると、「先日仕事を辞めたんです」と言われました。

　　その理由は、「仕事上で言われたことを忘れてしまう、エビを途中から数えられなくなる、仲間の名前を忘れてしまったりする、といったことがあったので、もう迷惑をかけたくない」ということでした。

　　認知症と診断されたことを話した仲間からは、「そんなことは大丈夫だ」「できないことはしなくてもいい、できることをしてくれればいい」「このまま続けてほしい」などと言われたそうですが、独立して会社をはじめたばかりで仲間に迷惑をかけられないと、自ら辞めることを決断したと話しました。今後のことを聞くと、「まぁ、ハローワークにでも行ってみて、なにかできそうな仕事でも探そうかなと思っています…」という返事で、あまり気力のない時期でした。

② 退職後の保障などの状況を確認する

　　認知症になった場合、精神障害者保健福祉手帳を取得することができます。しかし、認知症と診断されたからといって、すぐに障害者と認定されるわけではありません。一定の症状があり、その改善がなく、障害が継続していると判断されてようやく認定されます。この症状固定の期間は初診日から約 6 か月が目安となっています。下坂さんの場合は、認知症と診断されたばかりで、取得のための申請を行っても対象とならない可能性がありました。

　　また、下坂さんは病気が理由で仕事を辞めましたが、失業手当しか経済的なサポートがなく、認知症のための保障がある民間の疾病保険にも加入していませんでした。

③ 「空白の期間」にこそできることがある

　　支援者といわれる側に何らかの相談が入るのは、困りごとが起きてからが多いのが現状です。自分や周囲の人（主に家族）の力ではどうにもできなくなり、他者の力を借りるために相談に至ることが多いのですが、そのときにはすでにサポートの手段が限られてしまう状況となっています。このように、支援者に

つながるまで支援などがされない、いわゆる「空白の期間」があります。

　下坂さんの場合、すでに困っていることはありましたが、まだ自己解決できる状況でもあり、このまま本人と家族だけに解決を委ね、見守ることも可能でした。しかし、数年後に何らかの困ったことが起こったときにはサポートする方法が限られてしまうことを考えると、それまでにできることはたくさんあるのではないか、一緒により最適な方法を検討していくことで、この空白の期間をなくせるのではないかと思い、なるべく早く新たな就労先を探せるようにサポートすることとしました。

④　職場で困っていることの支援から新たな就労先を探す支援に

　下坂さん自身で次の仕事を探すことはできても、水産関係の仕事のときと同じように何かの困りごとで仕事が継続できず、また辞めてしまうことも考えられました。また、認知症であることを理解して受け入れ、本人の役割や位置づけ、さらにやりがいがあるような仕事を、下坂さん自身で見つけるのもなかなか難しいのではないかと考えました。そこで、水産関係の仕事のときの困りごとに対する支援から、新たな就労先を探す支援に切り替えました。

⑤　「認知症であること」をオープンにして探す

　新たな就労先を探す際に、「認知症であること」を次の職場にあらかじめ知ってもらってもいいか、知ってもらいたくないかを本人に確認しました。「どちらでもいい」とのことであったため、認知症の人に対する理解があり、受け入れてくれる就労先を探すことになりました。

✦ 支援の経過（再就職までの支援のプロセス）

①　就労先を探す

　下坂さんの場合は、以下の点を就労先の条件とすることにしました。
・認知症への理解があり、その対応ができる
・本人のできる仕事がある
・特技や長所などを活かして、本人の役割や位置づけができる
・できれば対価が得られる

②　就労形態の模索

　これらの条件を満たす就労先として、一般就労（常勤雇用・非常勤雇用）や障害者雇用、有償ボランティア、一般のボランティアなど、さまざまな雇用形態と仕事内容のあるデイサービスと、障害者就労の A 型や B 型の就労継続支援事業所（主な仕事内容は掃除）が見つかりました。

　そもそも写真と水産関係の仕事しか経験したことがないため、デイサービスでの介護と掃除のどちらにしても初めての仕事となります。また、障害者としての就労となると、まだ精神障害者保健福祉手帳の取得には至っておらず、数か月後となります。これらについて下坂さんに確認し、まずはデイサービスの仕事を見学してみることを提案しました。

③　福祉現場への見学── 本人の希望の確認

　デイサービスの見学の日、事前に場所や移動ルートを確認したうえで、目印となるものがある場所で待ち合わせ時間の少し前から待っていました。下坂さんは待ち合わせ時間から少し遅れて来たため、理由を聞いてみると、1 つバス停を乗り過ごしてしまったため、そこから歩いてきたということでした。このことは、ちゃんと自己修正ができるということを確認できる出来事でもありました。

　この事業所では、介護以外に、利用者個々に応じた取り組みのほか、ものづくりなども積極的に実施していて、それらを見学させてもらいました。

　この日のことを後で下坂さんに聞いてみると、「実は断るつもりで見学に行ったんです。でも、この事業所の取り組みを実際に見て、思っていた介護のイメージとは違い、やってみてもいいかなという気になりました」と言っていました。この日は、事業所の責任者とも直接話をし、「ここで働いてもいいというのなら、ぜひ来てください。仕事が合うかどうか判断するために、最初は有償ボランティアでも構いません」と言ってもらいました。

④　福祉現場での就労のすすめ方── 職場の理解、職員としての研修受講

　まずは、有償ボランティアとして週に 3 回程度通うこととなりました。その後 1 か月ほどして、非常勤職員としての雇用に切り替わり、障害者手帳の取得後は障害者就労に切り替わりました。

　介護職員として働きはじめるなかで、利用者や他の職員の名前が覚えられな

いことや、レクリエーションの順番や点数がわからなくなるといったことなど
はありましたが、職員は下坂さんが記憶に障害があることを理解しているので、
そのつど丁寧に教えたり、確認したりして、大きな支障はないとのことでした。

　最初は利用者の話し相手や配膳、お茶を出すなど、身体介護にかかわらない
仕事内容でしたが、慣れてくると徐々に食事や入浴の介助などの仕事も増えて
いき、介護職員としての研修も受けるようになりました。なかには、認知症に
ついての研修もあり、認知症本人として認知症の人への対応などを勉強するこ
ともありました。

マグロの解体ショーの様子

⑤　数か月後の状況確認

　働きはじめてから約3か月後に、事業所の管理者に状況を確認すると、「利
用者や職員ともコミュニケーションがしっかり取れている。忘れることもある
が、仕事に対してはまじめで、何も問題となるところはない」と言っていまし
た。何より笑顔で利用者と接していて対応がとてもいい、とのことでした。ま
た、水産関係の仕事の経験を活かして、マグロの解体ショーなどもしてもらい、
利用者がとても喜んでいたというエピソードを聞くことができました。

　一方で、朝早くから夜遅くまで、毎日自分たちの会社で働いていたときの給
料と比べると、介護職員としての給料は格段に低く、自宅のローンが残ってい
たこともあり、自宅を売却することになりました。

☞ポイント

□診断後間もない時期は、診断のショックや今後の不安で気力が減退していることが多いので、本人のこれまでの仕事への思いを聴くところからサポートをはじめましょう。

□認知症であることをオープンにして仕事を探してよいか、本人ともよく話します。

□認知症の人が働くことに理解のある職場を見つけます。

□本人には仕事を体験してもらったうえで、選んでもらうようにします。

> ## 看護師をしていた松田さん──デイサービスでの就労から就労継続支援 A 型事業所へ <

清水真弓　京都市域京都府地域リハビリテーション支援
センターコーディネーター / 理学療法士

✦ 松田よしこさん（仮名）について

・50 代、女性

・介護職の夫と 2 人で暮らしている。娘は仕事で隣県に住んでいる。

・看護師として病院で働いていたが、もの忘れなどで仕事に支障をきたし、診察をすすめられて受診したところ、認知症と診断され中途退職した。

・車で通勤していたが免許は返納した。

・退職後は、デイサービスや小規模多機能型居宅介護の求人に応募してみたが、デイサービスでは試用期間のみで本採用には至らなかった。また、小規模多機能型居宅介護では、面接時に自ら認知症であることを伝えたこともあり、試用期間中にさまざまな対応を試されたが、結局、週 2 回のボランティアでの活動となっていた。

✦ 相談のきっかけ

　ボランティアの活動をしている先の小規模多機能型居宅介護の管理者から、本人がもっと仕事をしたいという思いがあることや、今のボランティア以外にできる仕事や工夫がないか、松田さんの住まいのある地域包括支援センターに相談が入りました。これまでにも行政の認知症相談センターを通して若年性認知症支援コーディネーターにも相談し、現状の確認や、制度や支援方法の説明を受けていました。

◆ どのような支援方法が考えられるか（支援で大切にするポイント）

① 松田さんの状況を知る

　実際に、小規模多機能型居宅介護の通いでボランティアをしている松田さんに会いに行き、その仕事の内容を確認しました。松田さんは意味性認知症で、特にコミュニケーション全般についての障害がありました。松田さんの様子を見ていると、通いで利用している人とのコミュニケーションがうまく取れておらず、職員について回って、次の指示を待っている状況でした。同じことを繰り返し話す利用者とは行動がパターン化されているため問題ないようでしたが、何度も同じことを言う松田さんに怒る利用者もいるとのことでした。

② 本人の希望とマッチングするかの検討

　地域包括支援センターの担当者と一緒に松田さんと話し、どんな仕事がしたいかを聞いてみたところ、看護師をしていたことを繰り返し話していました。看護師として働きたいのだと考え、言葉でのコミュニケーションが伴わなくても、人の世話をすることができるような仕事を探してみることにしました。

　しかし、そのような仕事はなかなか見つかりませんでした。一度、子ども食堂（子どもやその親などに対し、無料または低額で食事などを提供する場）の調理の手伝いをしてくれないかとお願いし、ボランティアとして行ってもらいました。言われた作業をてきぱきとこなし、子どもたちにお弁当を提供する際も常に笑顔でした。しかし、松田さんは「これはボランティアだけなの？」と繰り返し、対価が発生しないことに不満があるようでした。「また次も来てくれないか？」と聞くと、松田さんは「お金がない（仕事）ならなぁ…」とやはり次は来なくなりました。

　そうしたなか、松田さんは自分でさまざまな求人募集を見て、問い合わせをしたり面談に行ったりしていたようで、なかには看護師の募集ではないものもありました。看護師として働くことにこだわっていたのにおかしいなと思っていたところ、週3回の高齢者施設の掃除のパートで採用されたと聞きました。担当の地域包括支援センターと同じ法人であったため、地域包括支援センターの担当者が確認を取り、事前に管理者と話し合うこととなりました。

③ 意味性認知症の人に対するアドバイス

　管理者は、面接のときに認知症であることは言われなかったとのことでした

が、「ちゃんと求めている仕事ができるならいい」とのことで、試用期間として様子を見ることとなりました。試用期間中の松田さんの意味性認知症への対応について、以下のようなことを管理者と確認しました。

・言葉を聞いて理解することが今は難しい。
・イレギュラーなことを言葉で伝えても理解できないことが多い。
→仕事内容を洗い出し、やることとやったことを書き出して見える化しておく。
→介護現場での掃除場所や道具、掃除する時間などをあらかじめ決めておく。
→指示を出す人は決めておく。できれば責任者のような役職のある人がいい。

④　数か月後の状況確認

　試用期間の終わりがせまってきたので管理者に確認すると、掃除自体は丁寧にてきぱきとできているとのことで、しばらくこのまま様子を見ることとなりました。その代わり、契約期間を半年ごとにして、そのつど次の契約更新を検討するということでした。

　このとき松田さんは、掃除の仕事が入っていない、週4日は予定が空いていたため、他の仕事もしたいと希望していました。しかし、そのときは失業手当を受給中であったため、今以上の労働時間だと手当を受けられなくなるという説明を何度もしていましたが、理解されていないようでした。

✦ 支援の経過（就労後の支援のプロセス）

①　職場での工夫

　掃除の仕事は、半年ごとに更新しながら、症状の進行に応じて仕事ができるように職場側が工夫をしていました。仕事内容の一覧をわかりやすいようにつくり直し、実際の場所を見ながら、掃除する場所としない場所の色分けをするなどしました。

　しかし、2年が経過した頃、管理者から「次の更新は無理かもしれない、先のことを考えておいてほしい」と連絡がありました。話を聞いてみると、利用者のなかで自分の部屋を掃除してほしくない人がおり、目印の色分けをしたうえで何度も伝えてはいるものの、あるとき松田さんがその人の部屋を掃除してしまい、トラブルになっているということでした。

　また、時間をうまく調整しながら仕事表をつくっていても、てきぱきと仕事をこなしてしまうので時間がずれ、食事時間に食堂の掃除をしてしまったり、

仕事が早く終わっても「休憩をしておくように」など、そのつどの声かけに職員が手を取られたりする状態となってきていました。

②　再度、松田さんの希望の確認

そこで、地域包括支援センターの担当者と松田さんとで、松田さんが本当はどんな仕事がしたいのか話し合う場をもちました。「看護師として働きたい」のか「パートでもいいので毎日仕事がしたい」のか、「より給料のいい仕事がしたい」のか、発せられる少ない単語から、具体的な希望をホワイトボードに書き出し、選択肢を徐々に狭めながら本人の思いを探ったところ、松田さんの思いは以下のように推測されました。

「看護師としてバリバリ働いていたときのように、毎日てきぱきと仕事をこなし、充実感をもちたい」「仕事の内容は、看護師の仕事でなくてもなんでもいい」というようなものでした。この思いをもとに、次の就労先を探すこととなりました。

③　次の就労先に向けて

松田さんの希望と必要なサポートを整理すると、条件は以下のとおりでした。
・毎日職場に行き、仕事がある。
・同じ作業の繰り返しでも構わない、てきぱきとできる、繰り返す仕事が得意。
・意味性認知症の症状に対する理解があり、対応することができる。
・仕事に対しての対価がある（少額でも構わない）。

こうした条件をふまえ、私は就労継続支援A型事業所（以下、A型事業所）（第4章参照）に相談してみました。そこは、精神障害者の雇用をしているところで、認知症の人も以前就労していた経験があり、機会があれば今後も採用を検討したいと考えていた事業所でした。

松田さんの自宅から一緒にその事業所の見学に行き、通勤手段と仕事内容の確認をしました。その際にお菓子の梱包作業も体験し、見学を終えた後で松田さんの意向を聞いたところ「やってみる」とのことだったので、そのA型事業所での仕事がはじまりました。

④　ハローワークでのサポート

デイサービスで仕事をしていたときの失業手当を受けるために、私は松田さ

んと一緒にハローワークに行くこととなりました。それまでは松田さん1人で行っていましたが、本人の話から推測すると、失業手当について窓口で説明されたことが理解できなかったようでした。このため、事前に障害者対応の窓口に連絡を入れて支援者が同行することを伝え、症状についても簡単に説明し、できれば今後の対応について図を用いて説明してほしいとお願いしました。面談の際は同行のうえ、本人への対応も含め内容を確認しました。その後は、毎月の面談もその窓口で対応してもらうことになり、最後まで自分で手続きを完了させることができました。

⑤　就労継続支援A型事業所での工夫

A型事業所での仕事をはじめてから1年以上が過ぎ、松田さんはこれまでと同じようにてきぱきと手際よく仕事をこなしています。他の誰よりも早く提示した作業ができてしまうため、職員が驚くことも多いようです。最初はコミュニケーションが取れないということで対応に苦慮していることもありましたが、文章ではなく単語で伝えるようにしたり、紙に書いて見せたりするなど、さまざまな工夫をすることで対応に慣れていったようでした。

送迎のないA型事業所であるため、1人で通勤できなくなったときが、次の支援を考えるポイントだろうとA型事業所と支援者が確認しあっています。

☞ポイント

□仕事をすすめるなかで、意味性認知症の特徴をふまえた対応方法を就労先に伝えていきます。

□言葉の意味がわからないことが多いので、そのつど言葉で指示するのではなく、仕事内容、時間、場所、使う道具などをあらかじめ決めてパターン化することで、イレギュラーなことがないようにします。

□ハローワークなどに行くときは同行し、本人が理解できないことを補っていきます。

□数か月ごとに状況を確認し、そのときの本人の状況に合う仕事環境をサポートしていきます。

⑤ 福祉的就労

　仕事を辞めた認知症の人が就職活動をするときに、精神障害者保健福祉手帳を取得していることによって、失業給付の期間は手帳のない場合よりも長くなります。また、障害者就業・生活支援センターのサポートや障害者雇用の枠で仕事を探すことができます。ハローワーク（公共職業安定所）に出されていない就労先や、就労移行支援事業所、就労継続支援事業所についても、本人の住まいの近くで適切な事業所を案内してもらえることもあります。

　さらに、失業給付を受けている間に就労移行支援事業所に通うと、再就職に向けての訓練などを受けることもできます。

　就労移行支援事業所、就労継続支援事業所の違いなどについては、第4章❷（p.85）でふれます。事業所はそれぞれの特徴があるため、実際に行って、体験してみないとわからないことのほうが多いです。本人に合う事業所が見つかるまで時間がかかるので、傷病手当金を受給している場合は、受給期間が終わるのを待たずに、受給期間が終わる1〜2か月前から見学や体験をするとよいでしょう。ここで、障害福祉サービスの就労移行支援や、就労継続支援A型・B型事業所のような福祉的就労についての事例を紹介します。

〉工場で製作の仕事をしていた村上さん──就労継続支援B型事業所を利用していくために〈

✦村上たかし（仮名）さんについて
- 50代後半、男性
- 妻、息子夫婦、孫の5人で暮らしている
- 工場で製作の仕事をしていた
- 体力に自信があり、力仕事ができる
- 作業は細かいところも丁寧である

✦相談に来られたきっかけ

　村上さんは長年、工場で製作の仕事をしてきましたが、工場が廃業見込みになった頃から、もの忘れが顕著になりました。近くの医療機関を受診したとこ

ろ、アルツハイマー型認知症と診断されました。廃業と認知症の診断により仕事を辞めることになってしまったが今後どうしたらよいかと、妻、息子とともに若年性認知症支援コーディネーターのもとに相談に来ました。

◆ **どのような支援方法が考えられるか**（支援で大切にするポイント）

①　経済的なサポートについて知ってもらう

　村上さんは仕事を辞めたばかりだったので、傷病手当金や失業給付が受けられるか、勤めていた会社に確認してもらうようにしました。また、精神障害者保健福祉手帳の取得、障害年金の受給のためには、認知症と診断された、またはその疑いのために受診した初診日が重要になるので、近くの医療機関で証明してもらえるか確認してもらうようにしました。

②　医療機関の変更の検討

　村上さんには、若年性認知症の診断や治療の経験が豊富な、自立支援医療制度を利用できる医療機関の受診をすすめました。医療機関の相談員とも、必要に応じて連絡を取り合うようにしました。

③　再就職までの症状の進行を遅らせるために

　傷病手当金が 1 年半受給できることがわかりました。再就職までの症状の進行を遅らせるために、若年性認知症の人たちとの交流会やボランティア活動への参加を促しました。自宅でも食事や生活リズムなどに気をつけてもらうように、コーディネーターが本人と妻にアドバイスをしました。本人はウォーキングなどを意識してやるようになっていました。

④　地域の支援者との交流

　家族が諸々の手続きで大変な時期に、地域の認知症サポーターなどの支援者との交流についての提案や、就労継続支援 B 型事業所（以下、B 型事業所）等の紹介など、一度にさまざまな支援が行われたため、一時混乱する事態となりました。一旦地域の支援者に支援を取りやめてもらい、徐々にイベントなどに誘ってもらうようにしました。

⑤　本人や家族に就労先を選んでもらう

　支援者から多くの情報があると混乱するので、就労方法の種類と就労先のしくみから徐々に説明し、見学や体験を経たうえで、本人や家族に就労先を選んでもらうようにしました。

◆ 支援の経過（福祉的就労までの支援のプロセス）

① 　若年性認知症の人同士でボランティア活動に参加

　本人が自宅にいるだけだと、認知症の進行や家庭内でのトラブルも予想されたため、本人同士のボランティア活動に参加し、仕事や運転ができないつらさなどを共有してもらいました。何度か迷ったりもしましたが、道や乗り換えを覚えて、目的の場所までたどり着くことができるようになっていきました。また、新しい仲間にも徐々に慣れていきました。

② 　時期を見て地域の支援者につなぎ、調整する

　家族がさまざまな手続きで大変な頃に、地域の支援者からの情報提供に混乱してしまったので、コーディネーターが調整に入りました。時期を見て地域のイベントなどに誘うことで、本人や家族も喜べるようになっていきました。

③ 　就労方法と就労先を案内し、選んでもらう

　傷病手当金の受給期間が終わるのが5か月後となった頃に、受診した自立支援医療制度を利用できる病院から就労移行支援事業所を紹介され、村上さんが体験のために行くようになりました。あるとき、村上さんから「相談がある」ということで話を聞いてみたところ、その事業所に何のために行っているのかわからず、混乱している様子でした。

　このため、村上さん宅を訪問し、本人と家族に、就労移行支援事業所と就労継続支援A型・B型事業所の違い（利用の基準と収入など）を説明しました。

　就労方法として、①今行っている就労移行支援事業所に通い続けて、就労先を紹介してもらう、②ハローワークに行って就労先を探す、③村上さんと家族で就労継続支援事業所に行き、見学や体験をしてもらう、などの方法があることを伝えました。②については、村上さんが自分だけでは就労先を見つけるのが難しいので、行くときは同行することを伝えました。③の就労継続支援事業所については、近隣の事業所の情報をいくつか伝え、村上さんや家族に選んで

もらい、見学や体験をしてもらうようにしました。見学や体験の状況を聞いたうえで、村上さんや家族が選択するのをサポートします。

　見学や体験をするなかで、就労継続支援事業所に通うことになった村上さんですが、継続して通えるように、本人や事業所からの相談にそのつど対応することも大切です。そうして村上さんはB型事業所をいくつか体験し、そのうちの1か所に通うことになりました。

☞ポイント

□本人や家族の状態に合わせて、支援者や機関の間で、支援内容や時期の調整が必要になります。一度にたくさんの支援者がかかわることを避けます。

□本人や家族が選択できるように、制度の違いなどを説明し、自分たちで見学や体験をしてもらうようにします。

□就労につながるまでには、見学や体験などに時間がかかります。傷病手当金や失業給付の受給が終わるのを待たずに、見学や体験をはじめていくようにします。

第 **3** 章

本人支援・ピアサポート

1 本人支援・ピアサポート

　若年性認知症の人の支援をするなかで、本人が思いを伝えたり、本人同士で話し合ったりする場は大切です。職場を離れ、他者とのかかわりが少なくなってしまった人のなかには、孤独感を感じ、生きがいを見失ったまま日々過ごしている人もいます。どんな人にとっても、自分を必要としてくれる場、自分が自分らしく過ごせる場が必要です。ここでは、本人たちが話し合う場や居場所について紹介をしていきます。

1　生きがいづくりや仲間づくり

①　1人の認知症の人からはじまった

　まずは、私たちが行っているボランティアの場「タック」を紹介します。

　私たちは、2006（平成18）年から認知症支援の活動を行ってきました。活動をはじめて半年経過した頃、ある相談機関から、「定年退職をしたアルツハイマー型認知症の60歳の女性が独居でいる。彼女に何か手伝ってもらえるような仕事はないか」と相談を受けました。その女性は事務仕事を長年経験してきたということでしたので、切手貼りや印鑑押しなどの仕事を依頼し、事務所に通ってもらうことにしました。そのうち、同様の人が1人、2人と増えてきたので、「本人ボランティア」というかたちで、軽作業やネクタイをほどく作業など、数年間活動を続けました。

　その活動をもとに助成金を申請し、2015（平成27）年に「タック」としてグループをつくりました。タックに通っている人の多くは40〜60代の男性で、通いの要件としては、1人もしくは移動を支援するガイドヘルパーと通うこととしています。

②　くるみボタンづくり

　タックの活動では、当初からくるみボタンづくりを行ってきました。これは家族介護者から紹介してもらったものです。実際にやってみると、結構力が必要であることから男性にも向いており、布のどの部分をくるみボタンの中心にもってくるか、デザイン性も必要となるので、個々で工夫ができる仕事でもあります。また、作業工程がいくつかに分かれており、1人で完結する人もいますが、グループで作業を分担することができる点は、認知症の人にとってやりやすい作業となっています。

くるみボタンをつくる風景

③ 社会とかかわる活動がしたい

　タックでは、本人たちの話し合いを大切にしています。そのなかで出てきた言葉が、「社会参加がしたい」ということでした。「認知症になって支援されるばかりではなく、自分たちにもできることがあるのではないか」という話になりました。そして考えついたのが、タックが活動している事務所近くの公園の清掃でした。さらに、高齢者施設での車いす清掃のボランティアもはじめました。

　公園の清掃も車いすの清掃も、一定の清掃方法はありますが、汚れが目立つところを自分なりの方法で清掃をしていくと、見た目にも満足感があります。集中して細かいごみをとる人や、車いすをピカピカに磨きあげる人など、各々がもっている

公園や車いすの清掃をしている風景

力を発揮して清掃を行います。施設の人に喜んでもらえると、本人たちもやりがい
を感じることにつながります。

④　本人たちの力を活かす

タックを運営するにあたって気をつけていることは、「手伝いすぎない」「本人た
ちで決定できるようにする」ということです。タックは介護の場ではありませんの
で、スタッフはあまり口出しをしません。タックの一員として本人とかかわってい
ます。

2　若年性認知症の当事者同士で集まれる場所

一般的に当事者会とは、なんらかの困難や問題、悩みを抱えた人と、同様の問題
を抱えている個人や家族の当事者同士が、自発的なつながりで結びついたグループ
を指します。「体験の共有、分かち合い」を通して、「自分の抱える問題や悩みをしっ
かりと直視すること」などを目的としています。

ところで、皆さんは悩みがあるときにどのようなことをして解消していますか。
趣味への没頭や料理をしたり食事に行ったり、睡眠で解消をしている人も多いで
しょう。また、多くの人は、誰か話を聞いてくれる人を見つけ、話を聞いてもらい、
解決方法を一緒に考えてもらう、あるいは誰かに話すことによって自分の頭のなか
を整理しているのではないでしょうか。介護に悩む家族が家族会で話を聞いてもら
うように、本人も当事者会で話をする、思いを共有するという体験は、認知症とい
う病気と付き合っていくなかで大切なことです。

2000（平成12）年初頭に、関西や東京で若年性認知症の本人や家族が集まる会が
つくられた後、各地で同様の会がたくさんつくられてきました。多くの場合、本人
同士と家族が集まる会を同時で行っています。住んでいる地域や自治体にいくつか
の本人同士と家族が集まる会がありますから、自治体や地域包括支援センターにた
ずねてみてください。会によってさまざまな特色があるので、本人や家族が自分に合
うものを見つけられるように、支援者は活動内容などを説明するようにしましょう。

3　当事者会の役割

①　1人だけではできない活動を楽しむ

当事者会は、当事者会のみを行っているグループもあれば、家族会と同時並行で

行っているグループもあります。家族会と同時並行で行っているグループのなかには、年に何回か家族と一緒に参加できるイベントを行っているところもあります。私たちがかかわっている当事者会では、下記のような活動を行ってきました。

当事者会での交流会活動の例

出かける：万博公園、博物館、美術館、宇治平等院、大阪城、鶴見緑地、天神橋筋商店街、ハーベストの丘、ワールド牧場

楽しむ：音楽（演奏する、聴く）、マンドリンコンサート、ハワイアンダンス、フラメンコ、河内音頭、よさこいソーラン、麻雀、バザー、本人とともに活動するサポーターの結婚を祝う会

体験する：アートワーク、紙すき、餅つき、詩吟

身体を動かす：散歩、卓球、ボウリング、キャッチボール

餅つきの体験

楽器を使っての演奏

　家族とともに楽しめるものや、1人ではなかなか体験できない活動もあります。支援者が記憶のサポートをすることによって、アートワークや紙すきなどの1人では難しい活動も楽しむことができます。また、以前楽器を演奏していた人たちのなかには認知症になったことで、その楽器から遠ざかってしまった人もいます。もし、当事者会で、楽器の演奏を支えてくれる支援者がいれば、一緒にギターやベース、

ピアノ、ドラムなどを再び楽しむこともできます。若い頃、ドラムの演奏経験がある男性は、当事者会で数年ぶりにドラムを叩いた数日後、別の場で、「僕はドラマーです」と自己紹介をしていたこともありました。

② **家族ではない他者とのかかわり**

同じ病気の人同士で話ができることで、病気で悩んでいるのは自分だけではないと思うことができます。また、病気のしんどさや希望など、自分の思いを直に話せる場所は安心感を得ることができ、ありのままの姿で過ごすことができます。本人たちのなかには、仕事をしていたときに周囲からの偏見を感じ、孤独感のなか、退職せざるを得なかった人たちもいます。当事者会では「余計なこと、悪口などを言う人がいない、みんな優しい」と語った人もいました。

このような当事者会の活動により、認知症であることでできないことが増えるのではないかという不安な気持ちから自信を回復させ、集団にも慣れることができていきます。自信をもち、集団のなかで過ごすことで、介護保険サービスなどの社会資源を活用することに対する抵抗を軽減することにもつながります。

また、当事者会は、支援者にとって本人に必要なサポートを見つけ出す場でもあります。当事者会でアセスメントした内容を家族に伝えたり、これまで利用していたサービス内容を次のサービス事業所に引き継いだりすることによって、スムーズなサービス利用につながります。

図 3-1　本人を支援していくために

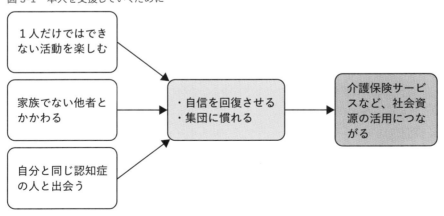

4　当事者会に参加したことによる変化

　ここで、当事者会に参加したことにより社会資源の活用につながった2人の事例を紹介します。

自信の回復につながった竹田さん

　竹田みちこさん（仮名：50代女性）は、アルツハイマー型認知症を発症した2年後に、当事者会に参加しました。最初は緊張して場になじめず、あまり話をしませんでしたが、夫や移動支援のガイドヘルパーと何度か参加をするうちに、竹田さんも「私にもできることがある」と感じるようになってきました。

　「心丈夫ですよ。自分だけじゃないって。ここに来る前はなんで私？　と怒っていた。ここに来て何をしゃべったって平気。アルツハイマーの人がいたら言ってあげたい。私がぐずぐず言っていたこと思ったら。でも、（病気のことを）周りに言いたくないみたいね」と話した女性の認知症の人もいました。

　妻の楽しそうな様子を見た夫も、「自分がそばにいなくても大丈夫」と思えるようになりました。夫は、家族会で他の家族から介護保険サービス利用のアドバイスを受け、当事者会に参加した1年後にデイサービスの利用につながりました。当事者会にかかわっている専門職は、竹田さんのアセスメント内容をデイサービス事業所に引き継ぎ、スムーズな利用につなげることができました。

　認知症を発症して以来、自宅で夫婦2人だけで過ごす状態となっていたため、竹田さんも夫も集団のなかで過ごすことに不安を抱いていました。しかし、当事者会に参加したことで、自信を回復させたり情報を得たりすることができ、サービス利用にもつなげることができました。

周りと楽しむことができるようになった鈴木さん

　鈴木さちよさん（仮名：50代女性）は、意味性認知症により、コミュニケーションがうまく取れず、退職後は自宅に閉じこもりがちになっていました。また、これまでできていたことをするのも難しくなってきていましたが、適切なサポートが受けられていないため、活動量が低下している状態にありました。そ

こで、集団を通して他者との交流に慣れることや、鈴木さんにどのようなサポートが必要なのか知ることを目的として当事者会に参加することをすすめました。

　当事者会で行われたワークショップのアートワークでは、選択肢をいくつかに絞っていくことで、自分の好きな色や素材を指をさして選ぶことができました。また、描き方を見せたり、手を添えて初動を促したりすることにより、パステルを使って自ら描くこともできました。アロマテラピーでは、精油の香りを選ぶとき、「うーうー」と声を出して嫌がったり、にこりと表情を変えたりすることで、自分の好みを意思表示することができました。支援者が仕草をしてみせることにより、容器に材料を加えたり、混ぜたりすることもできました。作品や品物が完成すると、嬉しそうな表情がみられ、ものづくりを楽しむことができることがわかりました。

　さらに、スマートフォンの画像を利用することで、鈴木さんの好きな食べものや歌などを知ることができ、さらに、その話題を通して鈴木さんの笑顔を引き出すこともできました。カフェタイムの準備では、支援者が皿やカップを手渡すと、それをテーブルにセットすることができ、お菓子を見ると自ら皿にのせるなど積極的な様子がみられるようになりました。

　参加者同士で協力して食器を片づけたり、他の参加者の手を握り、ニコニコと微笑んで挨拶したりするなど、参加者との直接的な交流もみられるようになりました。全体の会話の流れについていくことは難しいものの、個別に問いかけをすると表情を変えてうなずいたり、声を立てて笑ったりと、リラックスしてその場を一緒に楽しんでいました。

　鈴木さんの家族にこのような様子を伝え、その後のデイサービスの利用につながりました。鈴木さんのように意味性認知症があり会話が難しくても、他者とのかかわりによって本人から意思表示がされ、役割を担うことや、活動を楽しむことができます。

5　本人ミーティング

①　一緒に話し合える場をつくる

　2014（平成26）年に、11人の認知症の当事者や本人とともに活動するパートナーが集まり、日本認知症本人ワーキンググループ（以下、JDWG）がつくられました。

　JDWG は、認知症とともにより良く暮らしていくためにはどうすればよいのか、どんな社会がよいのかなどの話し合いを重ね、社会に向けた発信、本人ミーティング、診断後の本人向けガイド「本人にとってのよりよい暮らしガイド」の制作協力などの活動を行ってきました。

　また、「本人ミーティング開催ガイドブック」では、本人ミーティングについて「認知症の本人が集い、本人同士が主となって、自らの体験や希望、必要としていることを語り合い、自分たちのこれからのよりよい暮らし、暮らしやすい地域のあり方を一緒に話し合う場です。『集って楽しい！』に加えて、本人だからこその気づきや意見を本人同士で語り合い、それらを地域に伝えていくための集まりです」[1] と説明されています。本人ミーティングは、若年性認知症の人だけを対象としたものではありませんが、とりわけ若年性認知症の人にとって必要な集まりだといえます。

②　本人ならではの発想が聞ける本人ミーティング

　必要な集まりといえるのは、本人ミーティングで同じ病気の人の体験や思いを聞いたり、話し合ったりすることで、病気のことで悩んでいるのは自分だけではない、と思うことができるからです。若年性認知症の人は「若いのになぜ」という思いが強いので特に必要です。こうした場は、本人にとって視野が少し広がるとともに、生活で障害に感じていることへの対応を得ることにもなります。また、同じ悩みをもつ人たちが集まっているので、もの忘れをタブー視しない、自分の思いを話せる場所でもあります。さらに、本人ミーティングで出た、生活上の困りごとなどについて、地域で支援していくことにつながったりすることもあります。

　例えば、「道に迷う」というテーマで話し合いをすると、最初は「スマホで調べたらいい」や「人に聞いたほうがいい」などの意見が出ますが、そのうちに「迷ってもいい。僕は迷うことをむしろ楽しんでいる。そのほうが新しい発見がある」という意見も出てきます。逆転の発想、まさに目からウロコです。

　もし、支援者がこの会話に入ってしまうと、「迷っても大丈夫なように名前がわかるものを身につけておきましょう」「迷わないように道順を書いた紙を持ちましょう」などのように、「迷わないように」に視点をおいた声かけになることが多いの

ではないでしょうか。「迷うことを楽しむ」。これは、やはり本人ならではの発想ですし、本人にしか言えない言葉ではないかと思います。

　こうした言葉によって、本人たちは「自分が今まで困難だと悩んでいたことが、視点を変えることによって、困難なものではなくなる」ということを感じていきます。本人ミーティングは、単なる話し合いの場というだけでなく、それを通して本人たちのエンパワメント（1人ひとりが本来もっている力を発揮すること）につながる場でもあります。

　③　本人ミーティングという場の理解

　下記にあるのは本人ミーティングの一場面を示したものです。このときは「やりたいこと」をテーマに話し合おうとしたのですが、話の流れは徐々に薬のことに移っていきました。やりたいことはあっても、その前にこの病気を治してほしい、という思いのほうが強く表れたのだと考えられます。

本人ミーティングの一場面

司会　：今日はやりたいことをみなさんで話してみようと思うのですが、どうでしょうか。

男性A：何もないけれど、日頃何を考えているか。

男性B：自分はなぜ生まれてきたのかということの意味を考えてしまう。

男性C：目的があればやりたいことも見つかる。今まで何も考えたことがない。

男性B：目的もないし、勉強する意味もわからない。たいしたことではないけれど、自問自答したくなるわけですよ。フランクに。

男性D：多少は考えているけれどあまりない。薬がほしい。現実は厳しい。高いが薬の開発はしてほしい。

女性E：もの忘れがひどい。薬を飲んでいるけれど、よくわからないからね。

女性F：私もそう思う。自分の体験から作ってほしいと願う。

男性D：お金との戦い？　薬があるならいくらでも出すよ。
　　　　　なんとかできてほしいと願うけれどね。

　この話し合いに参加したグループは、初めて顔を合わせた人たちではなかったので、「もの忘れ」や「薬」について話すことができていますが、初めて会う人同士では、すぐに本題に入れないこともあるかもしれません。認知症であってもなくて

も、自分のことを話すことが苦手な人もいますし、すぐに意見を出すことのほうが難しいと思っています。

　語り合うということは、誰にでもすぐにできることではありません。本人たちの多くは、他者との関係において認知症ということで自信を喪失している状態です。本人ミーティングの場に連れてこられ、今から何をするのか、この集まりは何なのか不安感をもっていることから、その壁を崩すのは容易ではありません。

　初めて会う場で、お互いが病気のことを話すという自己開示は、いきなりはできないものです。自己開示をするには、他者に病気のことを話す経験を重ね、「病気のことを話しても大丈夫」だと安心感を得られるようになることが大切です。そのためには、1人の発言を参加者間でどのように共有していくのか、進行役のスキルも求められます。また、記憶障害により、今、何について話し合われているのか、自分が何について話しているのかわかりにくくなっている人には、記憶をサポートするツール（ホワイトボードや模造紙）なども必要になります。

　本人ミーティングに参加している人のなかには、精神科デイケアなど精神障害者サービス事業所に通っている人もいて、そこでの活動も充実していますが、それとは別にこの場で近い年代の人と話ができるということが楽しみとなっています。そうしたさまざま状況におかれた人たちが参加していることを、支援者は理解することが大切です。

6　認知症カフェ

　2015（平成27）年に厚生労働省により策定された「認知症施策推進総合戦略（新オレンジプラン）」で、認知症カフェを全国すべての自治体に開設するという目標が盛り込まれたこともあり、認知症カフェは、多くの自治体で開設されています。元々

はイギリスの「メモリーカフェ」、オランダの「アルツハイマーカフェ」が日本に紹介されたという経緯があり、それまで日本で活動をしていた家族会やいわゆるミニデイサービス、サロン活動、コミュニティカフェなどの活動とリンクして、今では多様な認知症カフェが展開されています。

　しかし、若年性認知症の人が楽しめるようなカフェは、あまり多くないことも現実です。地域の健康な、認知症予備軍の高齢者たちが楽しめる活動をしているグループが多いため（それはそれで必要ですが）、本人たちが主体的にかかわり、役割がもてるようなカフェの工夫が必要です。一般的に、働きざかりの男性は地域に溶け込むことが苦手といわれています。若年性認知症の男性たちは、まさにこの世代でもあるため、そうした男性たちが「行きたい」と思えるような活動が求められます。

7　ピアサポート

①　ピアサポートの場

　近年、障害者福祉に関する分野で「ピアサポート」という言葉を耳にすることも多いでしょう。ピアとは、同じ体験をもっている仲間同士のことをさします。そして、何かしらの共通項や対等性をもつ人同士（ピア）の支え合いをピアサポートといいます[2]。また、当事者たちが集まり、相互援助するグループは、セルフヘルプグループ（以下、SHG）とよばれています。

　私たちがかかわっている認知症の人たちのグループも、月に1回ピアサポートの場（タックドア）を設けています。そこでは、主に認知症と診断されて間もない人たちが、診断後数年（1〜3年程度）経った人たちに質問をし、みんなでその答えを考えていくということを行っています。「車の運転をどうしたらいいか」「薬は飲んでいるのか」「友人に病気のことをどのように伝えたらよいのか」「思春期の子どもがあまり話をしてくれないが、どうすれば関係を改善できるか」など、さまざまな語り合いがなされます。

②　本人だからこそ話せること

　例えば「車の運転」の悩みについて、支援者であれば「認知症と診断されたら車の運転はやめておいたほうがよいですよ」と、通り一遍の話しかできなかったりします。しかし本人たちは、自分が車の運転をやめなければいけないことに対して悩み苦しんだこと、それでも車を手放し、今は歩いて体力づくりをしていることなどを語ります。

図 3-2　本人たちの話し合いをメインとしたタックドアのチラシ

また、「思春期の子どもとの関係」については、グループのなかの年上の人が「いずれはわかってくれるときが来る」とアドバイスをしました。その半年後に、悩みを話していた人から「最近、子どもが病気のことをわかってくれるようになり、なぜ自分が仕事に行けないのかも理解してくれた。最近はよく話ができるようになった。このことが今年1年で1番うれしかったこと」と語り、他の人たちもほっとした様子でした。支援者が語る多くの言葉より、本人の一言は仲間を納得させる力をもっています。

③　ピアサポートの広がり

　他の疾患や障害と比べると、認知症の人たちのピアサポートやSHGの活動がはじまった時期は遅れています。なぜ他の疾患や障害のように、ピアサポートやSHGが早期にできなかったのでしょうか。それは、認知症に対する偏見が、社会にも個人にもあったからではないかと考えられます。日本では、「認知症になったら話せない、何もできなくなる」と長い間考えられており、20 〜 30年前くらいまで、認知症への正しい理解は広がっていませんでした。そのため、認知症の人たちは、発症をしてもなかなかそのことをオープンにはできませんでした。

　そのような背景もあって、若年性認知症の人は、他の疾患や障害のある人のように本人同士で出会うということは、ほとんどなかったのです。数年前ですが、「認知症であることがわかって病気のことをインターネットで調べたけど、ショックを受ける内容ばかりが載っていた」と語っていた人もいました。

　数年前までは、インターネットで検索しても、本人視点の情報を目にすることはまだ少なかったのですが、最近は、本人たちがSNSなどで発言することも増えてきました（図3-2）。今後は、SNSを通してのピアサポートも増えてくると考えられます。

② 居場所のつくり方

　ここまで、本人たちにとっての集まる場（当事者会、本人ミーティング、認知症カフェ）、本人同士の助け合い（ピアサポート）について紹介をしました。本書ではそれらをまとめて、本人たちの"居場所"と表現します。ここでは、支援者がどのように"居場所"をつくるとよいのか、そして、続けていくために必要なことを紹介します。

1　2人以上集まれば OK

　私たちがよく相談を受けるのは、「"居場所"づくりをどうやってはじめたらよいか」という内容です。その答えは、シンプルに「2人以上の本人たちが集まれば可能。どうやってどのように活動するかは、本人たちと相談をすること」だと考えています。最初から大勢の人に集まってもらおうとは思わないで、まずは知っている人から声かけをして、2人以上集まれば、それがスタートです。

2　場所と会の名前を決める

　場所については、本人だけで通ってくることを考えれば、駅から近く、あまり迷わない場所にある建物が理想です。もし継続できそうなら、会の名前も決めましょう。「若年性認知症の人たちの集まりに行こう」ではなく、「○○会に行こう」と言うほうが声をかけやすいこともあります。

　ちなみに、私たちがかかわっている「タック」と名付けたグループについては、スウェーデン語で「ありがとう」という意味もありますが、ある本人からの「ヨットで帆の向きを変え、進路変更することをタッキングという。タックがいいのではないか」という言葉が後押しとなり決定しました。病気の診断を受けた後、そこからまた人生の方向性を変えて進んでいけるようにと考えると、ぴったりの言葉だと思いました。

　また別のグループでは、本人たちの集まる場所が「正雀駅」の近くにあったので、「すずめの会」と名付けたりしていました。これも参加していた本人たちのアイデアです。

3 会の活動内容は本人たちと決める

集まった後、何を行うかについては、本人たちと決めるのが一番よいですが、何もないところで、急に卓球やトランプなどをすることになっても困るかもしれません。もし可能なら、いくつかプログラムを用意して、本人たちが選べる活動がよいかもしれません。もしくは、本人たちとその月の活動予定をあらかじめ決めておくという方法もあります。

4 音楽はみんな楽しめる

現在は、新型コロナウイルス感染症の対策のため、あまり歌は歌えませんが、歌はみんなの気持ちを1つにできるよい方法です。支援者のなかに楽器演奏ができる人がいれば、その人を中心に構成を考えていきましょう。本人たちのなかには、過去にギターやベース、ピアノなどを弾いていて今は難しくなっている人もいますが、リードできる演奏者がいれば、本人には可能なところだけ弾いてもらうなどして、さまざまなパターンで楽しめることにつながります。

例えば、ギターを弾いていた人などは得意なコードがありますから、そのコードしか使わないような選曲をするということも方法の1つです。また、以前、みんなが歌を歌うときに、必ず指揮をしていた人がいました。そして、その人の指揮は三拍子であったため、その人が来るときは、三拍子だけの曲を選んで歌っていたこともあります。また、叩くだけの楽器（カホン、タンバリン、ギロなど）はリズムに合わせて参加しやすいので、そういった楽器を用意しておくこともよいでしょう。10年前までは、唱歌などを好む人もいましたが、最近はフォークソングや歌謡曲、J-POPが多くなっています。なかでも、J-POPの盛り上がる曲は、みんなが夢中になって楽器をジャラジャラ鳴らしながら、参加型の音楽を楽しめます。

5　支援者の役割

　会を継続するためには、支援者の力も欠かせません。支援者にとって、会は学びの場であり、本人たちと一緒に楽しめる場でもあります。しかし、誤解しないでほしいのは、支援者の学びのために、本人と家族が存在しているわけではないということです。時として、誰のために、何のために集まっているのかがわからなくなってしまうようなことも、残念ながら過去には経験をしてきました。

　支援者のほとんどは、福祉・医療の専門職としてかかわっています。専門職の視点やその力を活かすことはよいことですが、会はあくまでも本人たちが集まる居場所であって、専門性を発揮する場ではないことを理解しておくことが大切です。

　会には学生が参加することもあります。学生たちは「認知症があっても、私たちと変わらない。普通に話しかけ、笑い合えればいいと思った」というシンプルな感想を示してくれますが、経験を積んだ専門職ほど「この集まりでの私の役割は何だったのか。私には何もできることがなかった」などのような感想を伝える人もいます。専門職という気負いは捨てて、参加者みんなでその場を楽しむという気持ちを忘れないことが何より重要です。

③ 　認知症の人の意思決定支援

1　本人の意思決定支援は意思決定の前から

①　限定されないなかでの意思決定

　2018（平成 30）年に、厚生労働省より「認知症の人の日常生活・社会生活における意思決定支援ガイドライン」が策定されました。これまでは、特定の職種による、特定の場面に限定されたなかでの意思決定支援となっていましたが、このガイドラインでは、認知症の人の意思が適切に反映できるように、日常的な支援のなかの関係づくりから意思決定を行っていくことが必要であると示されています。つまり、認知症の人の意思決定支援にかかわるすべての人が、支援を行う対象ということになります。

　このように、認知症の人の意思決定をプロセスとして支援する意思決定支援は、

図 3-3　日常生活・社会生活等における意思決定支援のプロセス

日常生活・社会生活等における意思決定支援のプロセス

人的・物的環境の整備

◎意思決定支援者の態度
　　（本人意思の尊重、安心感ある丁寧な態度、家族関係・生活史の理解　など）

◎意思決定支援者との信頼関係、立ち会う者との関係性への配慮
　　（本人との信頼関係の構築、本人の心情、遠慮などへの心配り　など）

◎意思決定支援と環境
　　（緊張・混乱の排除、時間的ゆとりの確保　など）

意思形成支援：適切な情報、認識、環境の下で意思が形成されることへの支援

【ポイント、注意点】
●本人の意思形成の基礎となる条件の確認（情報、認識、環境）
●必要に応じた 都度、繰り返しの説明、比較・要点の説明、図や表を用いた説明
●本人の正しい理解、判断となっているかの確認

＋

意思表明支援：形成された意思を適切に表明・表出することへの支援

【ポイント、注意点】
●意思表明場面における環境の確認・配慮
●表明の時期、タイミングの考慮（最初の表明に縛られない適宜の確認）
●表明内容の時間差、また、複数人での確認
●本人の信条、生活歴・価値観等の周辺情報との整合性の確認

＋

意思実現支援：本人の意思を日常生活・社会生活に反映することへの支援

【ポイント、注意点】
●意思実現にあたって、本人の能力を最大限に活かすことへの配慮
●チーム（多職種協働）による支援、社会資源の利用等、様々な手段を検討・活用
●形成・表明された意思の客観的合理性に関する慎重な検討と配慮

各プロセスで困難・疑問が生じた場合は、チームでの会議も併用・活用

意思決定支援のプロセスの記録、確認、振り返り

出典：厚生労働省「認知症の人の日常生活・社会生活における意思決定支援ガイドライン」p.12、2018（平成30）年

何かを決めなければいけない局面だけでなく、日常的な支援のなかの関係づくりから行われるものになります。

②　日常的な関係のなかでの支援

図 3-3 は意思決定支援のプロセスを示したものですが、意思形成の支援を行ったから意思表明ができるというわけではありません。成年後見人が必要になってからや、施設に入ることを決めないといけないといわれたときに、急に意思表明を求められることになっても、それは難しいことです。

また、認知症の人は、自分の意思表明をしたいと思っても、日頃からその機会がないと意思表明することは困難になってきます。支援者は、認知症の人が決定する機会をもてるように、日常生活のなかの身近なことから、本人が自分で決定する機会を積み重ねていけるようなサポートをすることが重要になってきます。

前述したような、本人同士が交流する場や、ピアサポートのなかで自分の思いを表出できるようになると、より自分の意見が言いやすくなったりします。ただし、意思決定できるからといって、明確に「○○したい」と本人が思っていることばかりだと決めつけないことも必要です。そのときの判断で「○○したい」と言っても、現実にやってみるとできないこともあるからです。本人らしい決定ができるように、決定する内容を書いて示すなど視覚化するなどして理解しやすくしたり、場合によっては、実際に体験して、その感想や反応から本人らしい選択であったか、日頃からかかわっているチームで確認したりすることが重要となります。

③　家族の思い

本人の意思決定に一番悩むのは家族であり、本人と家族の決定が相反することも起こり得ます。本人の意思決定を重んじるあまり、家族を責めることにならないようにしなければなりません。家族は本人への思いや責任を重く感じて、自分が守らなくてはならないと抱え込んでしまう場合があります。

介護状況が変わり、家族での介護が難しい状態になっていたとしても、「昔、本人が入所はしたくないと言っていたから、自分が介護をしなければ」と抱え込み、支援するチームからみても、すでに限界と思われるような家族もいました。若年性認知症の場合、高齢者ばかりの施設に入れたくないという気持ちが強いことが多く、家族も比較的体力があるため、頑張ろうとするのです。しかし、本人も家族の負担になることを望んではいなかったため、結局、家族が本人らしさを考え、「ここだったら本人も納得できるだろう」と思える施設に入所することになりました。

支援者は、本人の代弁者である家族の気持ちにも寄り添い、一緒に悩むことが重

要になります。制度の手続きなどは、実際には家族や後見人しか行えないこともありますが、まずは支援者が、日頃の本人とのかかわりのなかから、本人が意思決定を行えるようにサポートし、その決定を家族やチームで支えるという感覚をもつことが大切です。本人も家族も意思決定支援のチームの一員であるという意識が、支援していくうえで大切なのではないでしょうか。

2　ライフストーリーを聴く

　本人の希望を明確にするためにも、認知症の初期にライフストーリーを聴かせてもらうことは有効です。話していくなかで本人自身の希望が明確になっていく場合もありますし、その後の判断の参考にもなります。

　「介護が必要になったときにどうしたいか」「成年後見制度は依頼したいか」「施設に入所したいか」などと聞かれて、どれだけの人が答えられるでしょうか。また、答えられたとしても本人らしい決定であると確信できるでしょうか。

　幼い頃のこと、親や友人との関係をどのように築いてきたか、学業や仕事に対してどのように考えてきたか、宗教等どのような信条をもっているのか、などということが、人生において何か決断する際の礎になっていきます。そのため、第三者である支援者は、比較的、本人の希望などを聴くことができる認知症の初期に、ライフストーリーを聴くことで、その人らしさや大切にしてきたことを知ることができます。

3　成年後見制度が必要な場合とは

　基本的に、信頼できる家族がいて、日常的な金銭管理の支援が可能であれば、成年後見制度の申立ては不要な場合がほとんどです。では、若年性認知症の人にとってどのような場合に制度の利用が必要になるのでしょうか。

①　本人が独居で、意思判断能力が不十分になったときに、代行してくれる家族等がいない場合

　介護保険などのすべての制度は、申請主義です。意思判断能力が不十分になったときに、代行してくれる家族等がいない場合、本人に自分の意思を尊重してほしいという思いがあるのなら、判断能力のある間に任意後見人の申立てをし、後見人を指定することができます。

②　法的な手続きが必要になる場合

　相続や離婚への対応等、法的な手続きが必要になったとき、成年後見人が必要となる場合があります。また、不動産や株などの大きな財産の取り引きをするときも、成年後見人が必要となる場合があります。

③　子ども等に負担をかけたくない場合

　本人（親）が、子ども世代に、自分の子育てや仕事などを犠牲にして、親の金銭管理等の負担をかけたくない場合は、成年後見制度の利用を検討したほうがよいでしょう。子ども世代は、結婚や出産などで家族の形態が変わったり、住まいも遠方になったりする可能性があります。現状では支援できても、将来的に難しいと予測される場合は、成年後見制度を検討しておくことも1つの方法といえます。

④　死後の希望を伝えたい場合

　成年後見人が選任されていても、死後の希望については、叶えることができないこともあります。その場合、遺言書を作成し、葬儀や相続、遺贈などの希望を反映させることもできます。

　①～④の内容については、本人の判断能力が確かなうちに前もって情報として伝え、知っておいてもらうことが必要です。

第 **4** 章

若年性認知症の人に
役立つ制度の活用

① 公費負担医療制度の活用

1　診断は若年性認知症の人を多く診ている医療機関で

　若年性認知症の場合、仕事や家事のミスなどから診断につながることがほとんどです。そして、その際重要となるのが、若年性認知症の診断経験が豊富な医師のいる認知症疾患医療センターや、認知症専門医の診断を受けることです。よく「もの忘れ外来」がある医療機関での診察はどうかと聞かれることがありますが、若年性認知症の診断経験が少ない医療機関では、診断がつかなかったり、遅くなったりします。診断は若年性認知症の診断経験の多い医師にお願いし、経過のなかで近くの医療機関を紹介してもらうとよいでしょう。

　診断には、かかりつけ医からの紹介状が必要なときもありますが、若年性認知症の人のほとんどは、かかりつけ医をもっていないことが多いです。例えば、大阪市内では、かかりつけ医をもっていない人の場合、認知症初期集中支援チームの担当医などから紹介するシステムもあります。まずは、住んでいる地域の若年性認知症支援コーディネーターに相談してみましょう。

2　自立支援医療

　自立支援医療（精神通院医療）を利用することで、認知症に関する通院による継続的な医療費が、1割負担（通常3割負担）まで軽減されます。また、世帯所得や治療内容に応じてひと月あたりの自己負担上限額が定められているため、原則として上限を超える分の医療費は負担しなくてよいことになっています。このように、自立支援医療制度とは、心身の障害の状態を軽減するための医療費の自己負担を軽減する制度です。精神通院医療の対象者は、うつなどの精神疾患に関する治療にかかる医療費が軽減されます。若年性認知症も精神疾患の1つとされているので、この制度を利用することができます。

　自立支援医療制度は、都道府県知事が指定する自立支援医療機関のみで利用可能であり、診察を受けている医療機関が自立支援医療機関の指定を受けているか確認することが重要です。また、精神障害者保健福祉手帳や障害年金の手続きに診断書が必要になることもあるので、それらの診断書が書いてもらえるかどうか確認する

図 4-1　自立支援医療の活用例

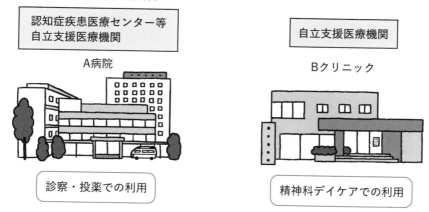

ことも必要です。

　自立支援医療を申請するうえで、自立支援医療機関での診断書を準備する手続きなどはありますが、職場に連絡がいくことはありません。通院治療だけでなく、医療保険での精神科デイケアや訪問看護などにも活用することができ、通院する医療機関に精神科デイケアや訪問看護がない場合は、他の自立支援医療機関で活用することもできます。

　例えば、図 4-1 のように、診察と投薬を受けている A 病院には、精神科デイケアや訪問看護がないので、B クリニックで精神科デイケアを受けることになったとします。B クリニックも自立支援医療機関であったので、自立支援医療が適応され、医療費の自己負担額は少額となりました。しかし、B クリニックで診察を受けるときは、自己負担額は通常の医療機関と変わりません。自立支援医療は、同じ内容を 2 か所では利用できません。

　若年性認知症の場合、初期には介護保険の要介護度が認定されにくいこともありますが、自立支援医療を活用することで、精神科デイケアや訪問看護を利用することができます。精神科デイケアで運動療法や作業療法などのリハビリテーションを受けたり、訪問看護で心身のサポートを受ける人もいます。

3　指定難病医療費助成

　指定難病医療費助成は、認知症の原因疾患が前頭側頭葉変性症などの難病に指定されている場合、重症度分類等に照らして病状が一定程度以上のときに受けること

図 4-2　指定難病医療費助成の申請から医療費受給者証交付の流れ

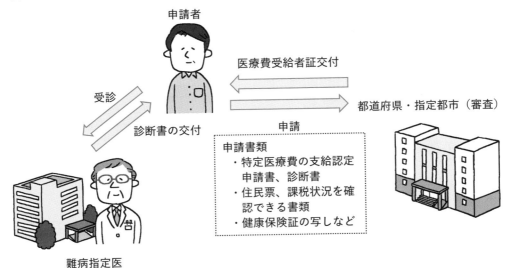

表 4-1　指定難病医療費助成の自己負担上限額（月額）

(単位：円)

階層区分	階層区分の基準（（　）内の数字は、夫婦 2 人世帯の場合における年収の目安）		自己負担上限額（外来＋入院）（患者負担割合：2 割）		
			一般	高額かつ長期※	人工呼吸器等装着者
生活保護	——		0	0	0
低所得 I	市町村民税非課税（世帯）	本人年収〜 80 万円	2,500	2,500	1,000
低所得 II		本人年収80 万円超〜	5,000	5,000	
一般所得 I	市町村民税課税以上 7.1 万円未満（約 160 万円〜約 370 万円）		10,000	5,000	
一般所得 II	市町村民税7.1 万円以上 25.1 万円未満（約 370 万円〜約 810 万円）		20,000	10,000	
上位所得	市町村民税 25.1 万円以上（約 810 万円〜）		30,000	20,000	
入院時の食費			全額自己負担		

※「高額かつ長期」とは、月ごとの医療費総額が 5 万円を超える月が年間 6 回以上ある者（例えば医療保険の 2 割負担の場合、医療費の自己負担が 1 万円を超える月が年間 6 回以上）。
資料：厚生労働省資料を一部改変

ができます。自己負担の額は、家計の負担能力に応じて異なります。自立支援医療が通院治療のみを対象とするのに対して、指定難病医療費助成は入院費も助成の対象となります。

　対象となる場合、都道府県・指定都市に申請すると、医療費受給者証が交付されます。有効期間は、原則として申請日から1年以内で、病状の程度及び治療の状況からみて、医療を受けることが必要な期間と定められており、1年ごとに更新が必要です。

② 障害福祉制度によるサービスの活用

　市町村に申請することによって、障害福祉制度によるサービスが利用できます。精神障害者保健福祉手帳を取得しているほうが利用がスムーズです。

　サービスは次のように大別されます。
・障害福祉サービス：障害のある人々の支援の程度や勘案すべき事項（社会活動や介護者、居住等の状況）をふまえ、個別に支給決定が行われるもの
・地域生活支援事業：市町村の創意工夫により、利用者の状況に応じて柔軟に実施できるもの

　障害福祉サービスは、介護の支援を受ける場合は「介護給付」、訓練等の支援を受ける場合は「訓練等給付」に位置づけられ、それぞれ利用の際のプロセスが異なります。自己負担の額は、家計の負担能力に応じて異なります。家計の負担能力には、本人だけでなく配偶者の年収も換算されるので、配偶者に収入がある場合は注意が必要です。

　図 4-3 は、若年性認知症の人が利用する頻度の高いサービスを示したものです。サービスの内容については図 4-5（p.88）に載せています。

1　介護給付

　例えば、居宅で介護を受けるには、若年性認知症の場合、介護保険サービスの利用が優先とされています。したがって、障害福祉サービスの居宅介護は、介護保険サービスの訪問介護を使っても不足する場合か、生活保護を受けている場合、または、介護保険の要介護認定の調査を受けて要介護認定が非該当、あるいは要介護認

図4-3　若年性認知症の人の利用頻度の高い障害福祉サービス

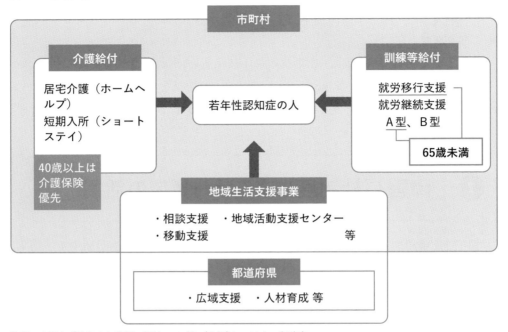

資料：大阪府「令和3年度版　福祉のてびき（本編）」p.44を一部改変

定を受けていない場合に利用することができます。市町村によっては、要介護認定の調査を受けて非該当であることを確認してからでないと利用が認められない場合もあります。

　ただし、介護保険の要介護認定は、若年性認知症の初期の場合は認定されにくいこともあるので、先に障害福祉サービスを受けることもあります。また、介護保険で限度額いっぱいまで利用して、単位が足りないときに障害福祉サービスの介護給付を受けることもあります。

　新しく障害福祉サービスを受けようとする場合は、市町村の障害福祉課に支給を申請する必要があります。介護給付のサービスを利用する場合は、図4-4の「③審査・認定」にあるとおり、障害支援区分の審査・認定を受けることが必要になります。

　障害支援区分の認定は、認定調査員が、申請者（調査対象者）及び介護者等から80項目の調査項目に関する聞き取りを行った結果や、医師の意見書等をもとに行われます。具体的には、コンピュータによる1次判定と、それを受けた市町村審査会による2次判定を経て判定されます。

図 4-4　障害福祉サービスの介護給付を利用するまでの流れ

① 相 談 ・ 申 請	市町村（または市町村の委託を受けた相談支援事業者）にサービス利用について相談し、市町村に申請する。 市町村は、利用者にサービス等利用計画案提出を依頼する。
② 調 査	市町村に申請すると生活や障害の状況についての面接調査を行うため、市町村や相談支援事業者の職員（認定調査員）が訪問する。
③ 審 査 ・ 認 定	調査の結果や医師の意見書等をもとに、一次判定を経て、市町村審査会によって検討したうえで、障害支援区分（心身の状況）が決まる。
④ 決 定 通 知	障害支援区分の認定のあと、生活環境やサービスの利用意向などを聞き取り、提出されたサービス等利用計画案の内容も参考にして、市町村がサービスの量と 1 か月あたりの支払いの限度額を決定する。そして、受給者証を交付する（サービスの利用意向等の聞き取りは、面接調査と同時に行うことがある）。
⑤ サービス利用	利用者は、特定相談支援事業者が作成するサービス等利用計画に基づき、指定事業者・施設の中からサービスを受ける事業者を選択して、サービスの利用申し込みや契約を行う。サービスを利用したときは、利用者負担額を指定事業者・施設に支払う。
⑥ 介護給付費の 　支払い	市町村はサービスを提供した事業者に対して国民健康保険団体連合会を通じて介護給付費等を支払う。

資料：大阪府『本人・家族のための若年性認知症支援ハンドブック』p.15、2014 年を一部改変

2　訓練等給付

　訓練等給付のうち、若年性認知症の人が利用する主なサービスには、就労移行支援、就労継続支援 A 型、就労継続支援 B 型があります。訓練等給付は、できる限り障害のある人の希望を尊重し、障害支援区分の認定は行わなくても、暫定的に支給決定が行われます。そして、実際にサービスを利用した結果をふまえて、正式に支給決定が行われます。明らかにサービス内容に適合しない場合を除き、暫定の支給決定の内容になります。

　訓練や作業などの内容は、事業所によって異なりますので、複数の事業所に行って相談や体験をし、本人に合った事業所を決めるのには、1 ～ 2 か月かかると思って探しましょう。通う事業所が決まれば、市町村の障害福祉課で受給者証を申請しましょう。相談支援専門員が申請を代行することもできます。家族が昼間に役所に申請に赴けない場合は、相談支援専門員に依頼できることを、家族に知らせましょう。

図 4-5　主な障害福祉サービスの内容

＜自立支援給付＞

介護給付	居宅介護 （ホームヘルプ）	入浴、排泄、食事の介護など居宅での生活全般にわたる介護を行う
	短期入所 （ショートステイ）	介護する人の病気などによって短期間の入所が必要な人に入浴、排泄、食事の介護等サービスを提供する
訓練等給付	就労移行支援	就労を希望する人に対して、生産活動などの機会の提供を通じて就労に必要な知識や能力向上のために必要な訓練を提供する
	就労継続支援 （A 型、B 型）	通常の事業所での雇用が困難な人に対して、就労機会の提供と生産活動などの機会の提供を通じて、知識や能力向上のために必要な訓練を提供する
計画相談支援給付	計画相談支援	障害福祉サービス等の申請時及び支給決定時に、利用する障害福祉サービス等の種類や内容等を定めたサービス等利用計画案及びサービス等利用計画を作成する 支給決定後、モニタリング期間ごとにサービス等利用計画の見直しを行う

＜地域生活支援事業＞

相談支援	障害のある人のいろいろな相談に応じて情報の提供や助言を行う
移動支援	障害のある人の外出の際に円滑な移動を支援する
地域活動支援センター	創作的な活動や生産活動の機会の提供、社会との交流促進を図る

資料：大阪府『本人・家族のための若年性認知症支援ハンドブック』p.16、2014 年を一部改変

　また、訓練等給付の事業所は、若年性認知症の人を受け入れたことがないところがほとんどなので、支援者は、事業所につなぐだけでなく、認知症の人への対応について困ったことがあればアドバイスすることも大切です。

①　就労移行支援

　就労移行支援は、就職を目指した訓練の場で、基本的に賃金は発生しません。訓練の内容は事業所によって異なりますので、実際に事業所に行き、相談や体験をすることが必要になります。利用期間は基本的には半年くらい（最長 2 年間まで）で、64 歳まで利用できます。一定の条件下では、65 歳以上でも利用可能です。一般企業への就職率に関しては、就労継続支援と比べると高くなっています。失業給付を受けている間も利用することができます。失業状態の確認を受けるために、認定がある日には、ハローワークに行くことが必要になります。

　通常の事業所に雇用されることが可能と見込まれる利用者が対象になっているので、送迎は基本的にはありません。利用料は、多くの場合発生しませんが、前年度の所得に応じて利用料が発生する場合もあります。

　ハローワークにはない、障害者を対象とした就労先の情報が入ってきたり、面接や就労体験をサポートしてもらえたりするので、若年性認知症の人の仕事探しの場として合っている人もいます。

②　就労継続支援 A 型
　通常の事業所に雇用されることが困難でも、雇用契約に基づく就労が可能である人について支援が受けられます。賃金が発生しますが、利用料を支払う場合もあります。利用期間の制限はありませんが、年齢は原則 18 歳から 65 歳未満とされています。ただし、64 歳までにサービスの利用がある場合は継続できることもあるので、各自治体に問い合わせてみましょう。

③　就労継続支援 B 型
　通常の事業所に雇用されることが困難であり、雇用契約に基づく就労も困難である人について支援が受けられます。工賃が発生しますが、利用料を支払う場合もあります。利用期間や年齢の制限はありません。就労継続支援 A 型、B 型の特徴は、表 4-2 に示しています。

3　地域生活支援事業

　地域生活支援事業において、若年性認知症の人の利用頻度が最も高いのが、移動支援です。移動支援は、障害などにより屋外での移動が困難な人などに対して、ガイドヘルパー（移動支援従事者）を派遣して外出のための支援を行うことで、地域における自立生活および社会参加を促すことを目的とするサービスです。他の障害福祉サービスと同じように市町村の障害福祉課に申請します。

　地域によって利用の基準が異なり、精神障害者保健福祉手帳が 2 級以上でないと利用できなかったり、行動障害が激しい人の場合、障害福祉サービスの同行援護がすすめられることもあります。買い物や余暇活動、運動のためのジムやプールへの

表 4-2　就労継続支援 A 型、B 型の特徴

	就労継続支援 A 型	就労継続支援 B 型
概要	通常の事業所に雇用されることが困難であるが、雇用契約に基づく就労が可能である者に対して、雇用契約の締結等による就労の機会の提供、生産活動の機会の提供やその他の就労に必要な知識及び能力の向上のために必要な訓練、その他の必要な支援を行う。	通常の事業所に雇用されることが困難であり、雇用契約に基づく就労が困難である者に対して、就労の機会の提供及び生産活動の機会の提供その他の就労に必要な知識及び能力の向上のために必要な訓練、その他の必要な支援を行う。
雇用契約	あり	なし
対象者	①就労移行支援事業を利用したが、企業等の雇用に結びつかなかった者 ②特別支援学校を卒業して就職活動を行ったが、企業等の雇用に結びつかなかった者 ③就労経験のある者で、現に雇用関係の状態にない者 ■一定の範囲内で障害者以外の雇用が可能 ■原則 18 歳〜 65 歳未満 ※ 2018（平成 30）年 4 月から、65 歳以上の者も 要件を満たせば利用可能。	①就労経験がある者であって、年齢や体力の面で一般企業に雇用されることが困難となった者 ② 50 歳に達している者又は障害基礎年金 1 級受給者 ③①及び②に該当しない者で、就労移行支援事業者等によるアセスメントにより、就労面にかかる課題等の把握が行われている者 ■年齢制限なし
利用料	支払う場合あり	支払う場合あり
全国平均賃金（工賃）2018（平成30）年度	月額 76,887 円	月額 16,118 円 ＊平均工賃が工賃控除程度の水準（月額 3,000 円程度）を上回ることを事業者指定の要件としている。

資料：厚生労働省「障害者福祉施設における就労支援の概要」「平成 30 年度工賃（賃金）の実績について」をもとに作成

付き添いなどには利用できますが、会社や就労継続支援事業所といった職場などへの送迎には利用できません。若年性認知症の人同士での交流会に家族などと参加できない場合に利用している人もいます。

特に道に迷う可能性が高い人の場合、いろいろな道を歩くことに抵抗感があることもありますが、移動支援を利用することで行動の幅を広げることにつながります。

③ 介護保険の活用と活用するまでの支援

1　介護保険の活用

　若年性認知症の人たちは、制度の狭間に位置していると長らくいわれてきましたが、現在もその状況は変わっていないといえます。介護保険サービスと障害福祉サービスのどちらも使いにくいという現状があるからです。近年は、オーダーメイドの支援が求められ、改善されてきましたが、まだ十分とはいえません。高齢者と比べて、介護保険サービスの利用にスムーズにつながらない人もいます。

　本人や家族は「介護保険サービスを利用するのはもっと病気が進行してから」と考えがちですが、本人が他者と関係づくりができるうちに、また、家族が急なけがや病気、入院となった際に慌てなくていいように、少し早めからサービスを使いはじめ慣れておくことが必要です。特に配偶者などは、自身の検査入院や手術を必要とする病気になりやすい年代でもあります。以前、若年性認知症の人の夫がぎっくり腰になり、数日間動けなくなったときに、本人の生活をどうしたらいいか困ったということもありました。

　介護保険制度がはじまって20年以上経過しましたが、サービス内容や利用方法については高齢者でないと関心は薄く、詳しい情報が必要になります。ここでは、若年性認知症の人が利用できる場合の流れを説明します。

①　65歳以下でも特定疾病に該当している

　介護保険サービスの利用は、原則65歳以上（第1号被保険者）が対象ですが、特定疾病に該当する場合、40歳以上65歳未満（第2号被保険者）の人も、利用することができます。特定疾病とは、要介護状態の原因である身体上または精神上の障害が、加齢に伴って生ずる心身の変化に起因する疾病です。つまり、加齢が関係する疾病であればサービス利用が認められるということです。

　特定疾病の16項目は、表4-3のとおりです（介護保険法施行令第2条）。アルツハイマー型認知症などは、「初老期における認知症」に該当します。アルコール性認

表 4-3　介護保険を申請できる 16 の特定疾病

```
1  がん（末期）
2  関節リウマチ
3  筋萎縮性側索硬化症（ALS）
4  後縦靭帯骨化症
5  骨折を伴う骨粗しょう症
6  初老期における認知症（アルツハイマー型認知症、脳血管性認知症等）
7  進行性核上性麻痺、大脳皮質基底核変性症及びパーキンソン病
8  脊髄小脳変性症
   せきちゅうかんきょうさくしょう
9  脊柱管狭窄症
10 早老症
11 多系統萎縮症
12 糖尿病性神経障害、糖尿病性腎症及び糖尿病性網膜症
13 脳血管疾患（脳出血、脳梗塞等）
14 閉塞性動脈硬化症
15 慢性閉塞性肺疾患（肺気腫、慢性気管支炎等）
16 両側の膝関節または股関節に著しい変形を伴う変形性関節症
※下線部は、若年性認知症と関連の深い疾患
```

知症は、「初老期における認知症」には該当しませんが、身体的な症状が出てくる
点では、加齢と全く関係ないともいえませんので、医師に若年性認知症の意見書を
書いてもらうことができないか相談をしてみてください。

②　介護保険サービスの手続き

　介護保険サービスを利用する場合は、まずは、住んでいる市町村の窓口で要介護
認定の申請をします。40 〜 64 歳までの人（第 2 号被保険者）が申請を行う場合は、
医療保険証が必要です。申請後は市町村の職員（委託の場合もある）の訪問を受け、
聞き取り調査（認定調査）が行われます。調査は 74 項目の基本調査（表 4-4）と特記
事項からなります。また、市町村からの依頼により、かかりつけ医が心身の状況に
ついて意見書（主治医意見書）を作成します。

　聞き取り調査については、調査員が原則自宅を訪問し、本人や家族から、「麻
痺・拘縮・関節の動き」「寝返り・起き上がり・座位保持・歩行」「視力・聴力」「入
浴・整容・排泄・食事・衣服の着脱」「もの忘れ・徘徊・介護抵抗などの行動」「金
銭管理・服薬・買い物・家事」「14 日以内に受けた医療」など、心身の状況につい
て聞き取ります。

表 4-4　調査項目の概要

1.　身体機能	・麻痺の有無、関節の動きの制限　・寝返りや起き上がり、立ち上がり ・立位、座位、歩行　・視力、聴力　など
2.　日常生活動作 （ADL）	・移乗や移動の動き　・入浴の状況 ・食事の状況　・排泄ができるか ・歯磨き、洗顔、整髪　・衣類の着脱 ・外出の頻度　など
3.　認知機能	・意思の伝達　・毎日の日課 ・生年月日、年齢、名前を言えるか　・もの忘れ ・場所の理解　・今日の日付などの記憶 ・外出して帰れるか　など
4.　精神・行動障害	・情緒不安定　・被害妄想やつくり話をする ・昼夜逆転　・同じ話ばかりする ・突然大声を出す　・ものを破壊する ・介護への抵抗　・外出しようとするので目が離せない　など
5.　社会生活への適応	・服薬の管理　・金銭管理 ・日常の意思決定　・集団行動 ・買い物　・簡単な調理　など

　若年性認知症の人の場合、「麻痺・拘縮・関節の動き」「寝返り・起き上がり・座位保持・歩行」「視力・聴力」などはあまり問題になることがないため、要介護認定が実際より軽く出てしまうことがあります。支援者は、可能であれば「認知機能」「精神・行動障害（介護への抵抗）」などについて、事前に家族と一緒に本人の現状を整理し、調査のときに家族が本人に伝えられるように、メモを作成しておくとよいでしょう。

　「介護への抵抗」は、家族は「ある」とは回答しにくいものですが、本人の生活状況のエピソードを支援者と確認していくうちに「そういえば○○を嫌がることがあった」と思い出し、「ある」に○をつけることもあります。認定調査のときに、本人が具体的にできていないことや、介助していることを家族が調査員に伝えられるように、事前に聞き取るなどしてサポートすることも必要です。

　若年性認知症と診断されたときに、医師から介護保険サービスの利用をすすめられることがあります。障害福祉サービスよりも介護保険サービスのほうが、認定が出るまでの期間が早いこともあります。しかし、若年性認知症の初期であれば、介護認定調査を受けても非該当となる場合があります。そうなれば、本人は何もサービスを使えないまま数年を過ごすことになるため、障害福祉サービスの活用やインフォーマルサービスとの適切なマネジメントが必要になります。

　ここまで介護保険サービスを利用するときの手続きなどについて説明しましたが、そもそも本人や家族が介護保険サービスを利用する気持ちになれるかどうかが重要です。本人や家族の気持ちなどを見ていきましょう。

〈本人に対して〉
①　本人の気持ち

　先ほども説明したように、若年性認知症と診断されたとき、病院から介護保険サービスの利用をすすめられて手続きをしても、その段階では非該当となる場合が多いです。介護保険サービスを利用できない（しない）期間は、3〜5年ともいわれ、私たちの知っているケースでは、7年間利用できない（しない）人もいました。

　では、利用できない（しない）原因は何でしょうか。先のように、要介護認定の審査を受けても非該当となるほか、本人の声を拾うと、「自分が介護されるというイメージがない」「高齢者や女性ばかりがいる事業所・施設には行きたくない」「通所介護サービスに行ってもずっと座りっぱなし、もっと身体を動かしたい」「行きたいデイサービス（サービス内容）がない」などがあります。

　また、診断後、退職や人とのかかわりを避けた結果、ずっと家にいるようになると、「人と会いたくない」「話をしたくない」という気持ちが強くなります。さらに、認知症によるもの忘れなどによる失敗体験を人に見せたくないと考える人もいるため、他者とかかわることに非常に大きな勇気を要することがあります。

②　まずは本人が集団に慣れること

　本人にとって必要なことは、まず「集団に慣れる、家族以外の人に慣れる」ということです。また、「自信を取り戻す」ということも人前に出るためには必要です。認知症のなかでも、特にアルツハイマー型認知症の人は、1つできないことがあるだけなのに、8つも9つもできないことがあるように感じ、自己評価が低くなってしまうことがあります。記憶障害があると、過去の自分とのつながりを思い起こすことが難しいため、そういった気持ちになってしまったとしてもやむを得ないかもしれません。

　認知症は、発症してからの自覚がないといわれることもありますが、多くの人たちは、周囲の人の様子で「自分がおかしい」と気づいており、人と会うことに不安を抱いています。

　以下は、50代で認知症と診断された男性の語りです。

　「会社の営業マンとしてバリバリ働いていた自分が病気になって、こんなに人が変わるとは思いもよらなかった。何かやらなければいけないと思っても、今はやりたくない。やりたいのにできない自分がつらい。人と会話をしていても、変なことを言っているのが自分でわかる」。

　介護保険サービスを利用するまでに、まずは、当事者会、認知症カフェや居場所づくりのつどいなどで人とかかわり、集団に慣れることが必要です。支援者は、本人に合う当事者会や活動場所を探してみてください。本人の好きなことや趣味（音楽、写真、絵画鑑賞など）について当事者会で話せるようにサポートすると、本人も参加しやすくなります。

③　「他者からのサポートを受け入れる」ことの自覚

　ある日急に、認知症と診断されても、そう簡単に病気の受容はできません。病気の受容ができるようになるまでには、期間や考える機会（仲間との出会いなど）が必要です。私たちは、幼い頃から「1人でできるように。他人に迷惑をかけないように」と周囲からいわれてきたことと思います。そういったことから、人生半ばで障害をもち、他者からのサポートを受け入れるということには、なかなか踏み切れないものです。

　しかし、考え方を少し変えて「自分が苦手になったことを手伝ってもらう」ことを受け入れると、生活の範囲はぐっと広くなることがあります。障害のある人の自立生活運動（IL運動）のなかでいわれてきたことですが、「人の助けを借り、15分かかって衣服を着て、外出を楽しむ」ことと、「自分1人で衣服を着るのに2時間かかって、心身ともに消耗してしまう」ことでは、どちらが生活の豊かさを体験できるでしょうか。人生の時期のある部分においては、「他者に依存する」ということなしには生活は成り立たないものです。

〈家族に対して〉
① 家族の介護に対する気持ち

では、家族はどのように思っているのでしょうか。家族からは、「介護保険サービスはもっと重度の人が利用するものだと思っていた」「高齢者が通うようなところには行かせたくない。かわいそう」などの声が聞かれます。さらに「サービス内容や利用方法がわからない」との意見もあります。

しかし、介護保険サービスの利用は、重度になってから開始するのではなく、他者との関係づくりが可能なときから利用するほうが、本人が「できることを楽しむ」ことができ、活動範囲や人間関係を広げることにつながります。

また、サービスを利用することについて、「自分（家族）だけで何とかなる。無理にサービスを使わせなくてもよいのではないか」と考える家族もいます。この気持ちが強くなると、「認知症の妻（夫）にとっては、自分と一緒にいることが1番よい、他人とかかわらなくてもよい」と考え、「私がずっとそばにいなければ、この人は落ち着かない、笑顔がない。本人にとっては、私と一緒にいることが1番よい」というような、共依存にも似た状態になることもあります。そうなると、家族は介護保険サービスを利用する気持ちになりません。

このような場合は、家族の気持ちをゆっくりと聞き、本人が他者とかかわっているところを家族にも見てもらえるような機会をつくることが大切です。また、同じ立場の家族や先輩家族と介護保険サービスのことについて話すことも重要です。そうすることで、家族の気持ちがほぐれ、サービスや専門職に対しての否定的な感情も薄らいでいきます。

② 近所に知られたくない

「近所に病気のことを言っていないので、送迎車やヘルパーさんが家に来ると困る」という人たちもいます。例えば、若年性認知症の妻がデイサービスを利用する際に、夫が毎日送迎をしているケースがありました。はじめは、送迎車が家の前に来ることについて夫にためらいがあり、自ら送迎をしているのかと思っていましたが、実はそうではありませんでした。妻が自分の意思を言葉でスムーズに伝えることができていたとき、「高齢者ばかりの送迎車に乗るのは嫌だ」と夫に送迎を依頼したことがあり、夫はその後もそれをずっと守り続けていたのでした。

認知症のことを地域にオープンにできることに越したことはありませんが、地域に伝えていけるかについては、地域性や元々の近所づきあい、地域住民の理解度にもよります。

③　家族のサービスに対するハードルが下がるように

家族にとって必要なことは、介護保険サービスに関する情報収集や情報整理です。これに関しては、家族会や、支援者の役割が大きいといえます。特に、家族会で、どんなときに介護保険サービスを利用しようと思ったのか、本人にどのように伝えたのか、利用して本人がどのように変わったのかなど、他の家族から話を聞くことは参考になります。もし、家族会に参加する機会がない人や、家族会への参加をためらっている人がいたら、2〜3人の家族に声をかけ（介護保険サービスを利用している家族にも声をかけておく）、家族同士でサービスの内容を話し合える機会をつくるのもよいでしょう。

また、家族が本人と活動するなかで、「専門職に任せても大丈夫」と感じることができるようになれば、サービス利用に対するハードルも低くなります。

〈介護サービス事業所に対して〉

①　若年性認知症の人のケアは大変だと思っていませんか

受け入れ側の事業所はどうでしょうか。「若年性認知症の人へのかかわり方がわからない」「アクティビティがわからない」「マンツーマン体制がとれない、職員不足」、さらには、「若年性認知症の人は高齢者と比べて体格もいいし、暴れるようなことがあると困る」との意見があったりします。役割をもつことができたり、活動的なアクティビティのように本人が望むことをできるようにするケアの視点は、どんな人が対象であっても大切な視点です。

暴力に関して、46歳で若年性認知症と診断された、クリスティーン・ブライデンさんは次のように言っています。「しばしば、認知症をもつ人たちは、“困ったことをする人たち”であると思われています。私たちが理解できるような何ら明らかな理由もなく、彼らは攻撃的になったり、怒鳴ったり、蹴とばしたりすることがあるかもしれません。しかし、このような行動はすべて、彼らの多くがそのニーズを伝えることができないから起きているのです」[1]。

若年性認知症の人のなかでも、特に男性は腕力、脚力があります。人は、意に沿わないことを強制されたとき、うまく言葉で表現ができなければ行動で表現しようとします。若年性認知症の人＝暴力を振るう、というわけではないことを、しっかりと理解しておくことが必要です。

②　体力があり、できることも多い

支援をしている若年性認知症の人がデイサービスを利用するときには、どんなサ

ポートがよいか、また、プログラム内容についても、本人たちができることをどう活かすのかなど、デイサービスの職員と一緒に考えていくようにします。時には職員を手伝うような仕事があってもよいでしょう。高齢者とは体力の差があり、できることも多いので、デイサービスのなかには、若年性認知症の人がアクティブな活動ができる日を決めるなどして対応をしているところもあります。

③　介護サービス事業所における若年性認知症の人に必要な支援

社会参加

　本人たちは、まだまだ社会で活動できる年代です。介護サービス事業所内の限られた人間関係だけでなく、社会とつながっていることを意識できるような場所があるとよいでしょう。例えば、公園の清掃や地域の祭りの準備など、近隣地域とのつながりがあるものなどが考えられます。

職業的な活動（仕事との関連をイメージさせるもの）

　楽しむことができるレクリエーションだけでなく、事業所内での手伝いや、関連業者の車の清掃など、仕事に関連した取り組みがあれば、事業所内で本人の居場所もできていきます。経験したことがないことでも、環境を設定すれば、本人が意欲をもって取り組むことができることもあります。

活動的な取り組み（身体を動かす）

　高齢者と比べ、身体機能は衰えていません。高齢者が身体を動かすレベルとはまた違った活動的なものが望まれます。職員とのキャッチボールや、少し距離を延ばした散歩など、少し汗ばむくらいの活動を求めている人たちもいます。

自分で選び、自分でできるように

　事業所では、可能な限り自己選択の場をつくっていくために、例えば、1日の活動内容を、その日の朝、利用者と一緒に決めているところもあります。当日の決定は「準備ができないので難しい」と思うかもしれませんが、それも含めて、本人たちで悩み、考え、実行していくというプロセスが大切です。

仲間づくり

　事業所内では、本人たちの話し合いの場を重視してください。本人たちの多くは、同じ病気の人同士で語り合うことを望んでいます。専門職は、「認知症のことを口にすると本人が傷つくだけではないか」と思ってしまうこともあると思いますが、本人が不安に思っていることを言葉にできるような関係づくりをしていきましょう。

3　子育て中の母親が認知症になった場合に利用するサービス

　子育て中の母親が認知症になると、本人の行っていた育児が難しくなります。また、配偶者には、妻の介護とともに、子育てと家事の負担が同時にかかることとなり、仕事に支障が出たり、時間の余裕もなくなったりします。配偶者が仕事を継続し、本人も母親として家事や育児を続けていけるようにするためには、次のようなサービスを利用するとよいでしょう。

①　本人と同世代の子どもがいるヘルパーを選ぶ

　ヘルパーに同世代の子どもがいれば、幼稚園や小学校の行事に持っていかなければならないものがわかります。また、子どもにどのようなサポートが必要なのかもわかります。例えば、ある家庭の訪問介護をしていたヘルパーは、子どもたちが洗濯物を片づけないことに気づき、決まった場所に洗濯物を置くようにして、子ども自身で片づけを行えるようにしました。また、娘の月経が始まる頃に、同世代の娘がいるヘルパーが、下着と生理用ナプキンの準備をしてくれたことがありました。

　子どもへのケアは、本来はヘルパーの仕事ではありませんが、家の中に入るヘルパーだからこそ気づいて、何気なく行ってくれたということもあります。男親の立場では気づきにくいことを知らせてほしいと頼ってもよいのではないでしょうか。

②　本人が行う家事をヘルパーに手伝ってもらう

　ヘルパーが家族全員の食事をつくることは、介護保険サービスではできません。しかし、本人が「家族のために料理をつくる」ことを、ヘルパーが助けることはできます。カレーやシチューなど決まったメニューを、認知症の初期から本人が継続してつくるようにすれば、症状が進行した後も長い期間つくり続けることができるかもしれません。

初期には介護保険サービスの導入をためらうことが多いですが、初期だからこそ、本人ができることを助けてもらって、継続していくことが大切です。まだできるからヘルパーに頼らないのではなくて、できることを継続するためにヘルパーに手伝ってもらうという考え方もできます。

③　本人と同世代のヘルパーや職員のいるデイサービスの利用

本人と同世代のヘルパーに担当してもらうことは、本人にとってもメリットがあります。年齢相応の衣服や下着を選べることにもつながりますし、趣味などの共通点も見いだせるかもしれません。好きな歌手や音楽といった共通点から、本人も楽しめる環境をつくってもらったこともありました。衣服や下着は、配偶者が買い物に行きにくいものです。月経がまだ継続している人もいますから、本人の月経への配慮も必要になります。

④　子育てのサービスを利用する

介護保険サービスではありませんが、子ども食堂や学童保育、地域の子育て支援センターなどに連絡してみるのもよいでしょう。子ども食堂では、食事の提供だけでなく、子どもの勉強を学生がボランティアでみてくれるところもあります。

⑤　配偶者が仕事を続けられるように

高齢者と同じサービスを利用することに抵抗感のある配偶者も多いと思いますが、配偶者が働けるようにすることを第一に考えないと共倒れになってしまいます。本人には、自立支援医療の訪問看護から、障害福祉サービスの就労継続支援、介護保険サービスの訪問介護、デイサービスというように、時期によって必要なサービスを選んで増やしていくことが大切です。

症状が進行し施設への入所を検討していた人も、小規模多機能型居宅介護での長時間の介護サービスを利用しながら、就労継続支援B型事業所（以下、B型事業所）で仕事を続けているケースもあります。このケースは、早い時期から、B型事業所

に通っていたからこそ、自宅での生活を継続することができていると考えられます。
　このように認知症の初期からサービスを利用し、他のサービスも増やしていくことによって自宅での生活を継続できる場合もあるのです。ですから、症状が進行してからサービスを利用しようとするよりも、できる限り初期から利用することによって、その後の選択肢が広がります。

COLUMN

地域や企業とのつながり

　介護保険サービスを利用している人が、ボランティアとして謝礼金を受け取れるという制度もあります。厚生労働省は、2011（平成23）年に生活意欲・就業意欲のある若年性認知症の人に対応したプログラムの1つのモデルとして、通所系サービスの社会参加型のメニューを紹介する通知を出しました。介護サービスの提供時間中に、介護サービスを利用している人が職員の見守りのもと、地域住民との交流や、外部の企業等と連携した有償ボランティアなどの社会参加活動ができるという内容です。

　受け取れるのは賃金ではありませんが、謝礼金として利用者個人が受け取ることも可能です。例えば洗車など、第三者の機関である企業などからの依頼（サービスを提供している法人内からの依頼ではなく）を受け、仕事をし、謝礼金を受け取れます。

　こうした社会参加型のメニューはあまり知られていません。認知症の人は介護されるだけの立場でなく、社会参加することで生きがいをもち、社会の一員としてかかわることにつながります。

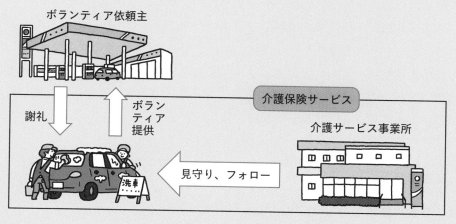

4 経済的支援

1 障害者手帳

　若年性認知症の場合、該当する疾患で医療機関に初めてかかった日（初診日）から6か月以上経過すると、精神障害者保健福祉手帳を取得できます。住んでいる市町村の精神保健福祉担当課で申請書を受け取り、記入の上、医師の診断書（所定の様式のもので、初診日から6か月以上経過した時点のもの）、すでに障害年金を受けている場合は、年金証書の写しに写真を添えて提出します。

> 　なお、年金証書の写しを添える場合は、さらに次の書類が必要です。
> ・直近の年金振込通知書の写しまたは直近の年金支払通知書の写し
> ・年金事務所または共済組合等に照会するための同意書

　障害者手帳は状態によって非該当になる場合もあります。障害者手帳の取得や障害年金の申請のための診断書を医師に書いてもらう際には、とりわけ生活の状況を知ってもらうことが大切です。表4-5の「2 生活能力の状態」にある項目に関する内容について、家族がしっかりと医師に伝えられるようにサポートしましょう。

　障害者手帳は、取得していることを誰かに見せるものではありませんが、障害者として認定されることに、本人や家族は抵抗があるかもしれないので、本人、家族の取得への意思を大切にしましょう。

　一方で、他の若年性認知症の仲間と出かけた際に障害者手帳を利用してみると、それほど抵抗がないものだと思うかもしれません。障害者手帳の取得によって、前述した障害福祉サービスが受けられるだけでなく、美術館、博物館などの入場料、交通費、相続税などの減免を受けることができます。障害者手帳を取得していれば、失業給付を受けられる期間も延長されます。

2 障害年金

① 年金の種類
障害年金は、病気やけがによって生活や仕事が制限されるようになった場合に受

表 4-5　障害者手帳の取得や障害年金の申請のために生活状況を医師に伝えるためのシートに書かれる項目

障害者手帳や障害年金の診断書を書いてもらう時に、医師に生活状況を伝えるために活用してください

_____先生

氏名_____の現在の生活状況をお伝えします。　　　　記入日　　　　年　　　　月　　　　日

診断書作成等にお役立ていただければ幸いです。　　　　記入者_____

1　治療歴				
医　療　機　関　名	治療期間（年・月）入院・外来	医　療　機　関　名	治療期間（年・月）入院・外来
	・　〜　・　　入・外		・　〜　・　　入・外
	・　〜　・　　入・外		・　〜　・　　入・外
	・　〜　・　　入・外		・　〜　・　　入・外

2　生活能力の状態（保護的環境でなく、例えばアパート等で単身生活を行った場合を想定して記入してください。）

現在の生活環境　入院・入所（施設名　　　　　　　　）・　在宅（　ア 単身・　イ 家族等と同居　）

その他（　　　　　　　　　　　）

	左の項目について手伝っていること、困っていることなど
(1)適切な食事摂取	
(2)身辺の清潔保持・規則正しい生活	
(3)金銭管理と買い物	
(4)通院と服薬（要・不要）	
(5)他人との意思伝達・対人関係	
(6)身辺の安全保持・危機対応	
(7)社会的手続きや公共施設の利用	
(8)趣味・娯楽への関心、文化的・社会的活動への参加	

け取ることができる年金です。該当する疾患で医療機関に初めてかかった日（初診日）から1年6か月を経過した日から請求できます。65歳に達する日の前日までに本人が請求した場合に受け取ることができ、働いていても障害年金を受け取ることができます。65歳までは障害年金を受給し、65歳からは障害年金か老齢年金かを選択しなければなりません。どちらの年金を受け取るかは、年金額や生活状況から判断するようにします。

・初診日の証明について

　通常は、初診時の医療機関が作成した受診状況等証明書または診断書を提出することになります。現在の医療機関と初診の医療機関が異なる場合は、受診状況等証明書が必要です。認知症と診断される前の医療機関で、うつなどで診察を受けていた場合、その医療機関で認知症の疑いがあった内容の受診状況等証明書または診断書があれば、初診日をその受診時までさかのぼることができる場合もあります。

・年金の組み合わせ

　障害基礎年金、障害厚生年金を受けている人が65歳に達したときは、次の（1）〜（3）の組み合わせのうち、最も有利な組み合わせを選択して受給することができます（障害基礎年金と老齢基礎年金の2つの基礎年金を併せて受給することはできません）。
(1)障害基礎年金＋障害厚生年金
(2)老齢基礎年金＋老齢厚生年金
(3)障害基礎年金＋老齢厚生年金

表 4-6　年金の種類

障害基礎年金（国民年金）	国民年金に加入していた人が、病気やけが等により障害者となったときに支給される年金。年金額は、1級は年額972,250円＋子の加算、2級は年額777,800円＋子の加算が支給されている（2022（令和4）年度）。
障害厚生年金	厚生年金保険に加入している人が、病気やけが等により障害者となったときに支給される年金。金額は平均標準報酬月額と加入期間、等級によって決まる。初診日が在職中であることが必要になる。初診日が退職後になると、障害厚生年金の受給対象でなく、障害基礎年金の対象になる場合もある。
老齢基礎年金	国民年金や厚生年金保険などに加入して保険料を納めた人に支給される年金。加入期間に応じて年金額が計算される。
老齢厚生年金	会社に勤めて、厚生年金保険に加入していた人に支給される年金。給与や賞与の額、加入期間に応じて年金額が計算される。

3　傷病手当金

①　傷病手当金による経済的支援

　健康保険の被保険者が若年性認知症で働けなくなり、会社から十分な給与が支払われなくなったときには、傷病手当金の支給を受けることができ、1日当たりの給料の3分の2に相当する金額が支給されます。ただし、国民健康保険に加入する自営業者等には支給されません。傷病手当金は、療養のために連続して3日以上労務に服することができなかった場合に、4日目以降の休業について支給を受けることができます（図4-6）。また、以下のような条件はありますが、退職した後も、支給開始から1年6か月の間であれば、継続して傷病手当金の支給を受けることができます。

・健康保険の被保険者の資格を喪失した日（退職の日）の前日までに、1年以上被保険者であったこと。
・被保険者の資格を喪失した際に、傷病手当金の支給を受けていること。
・退職後も療養のために労務に服することができないこと。

図 4-6　待期3日間の考え方

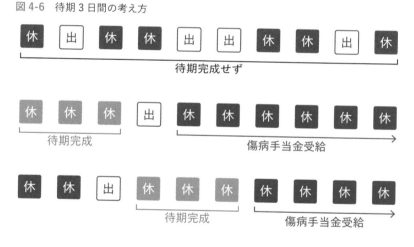

待期3日間の考え方は会社を休んだ日が連続して3日間なければ成立しません。
連続して2日間会社を休んだ後、3日目に仕事を行った場合には、「待期3日間」は成立しません。

出典：全国健康保険協会ホームページ

　傷病手当金を受給することになった多くのケースでは、まず仕事がうまくいかなくなり、原因を調べるために医療機関を受診します。若年性認知症の診断が確定し、仕事に行けずに会社を3日以上休んだ場合、傷病手当金を申請することができます。

傷病手当金を受給している間に、精神障害者保健福祉手帳を取得できれば、失業給付の給付日数は障害者の就職しづらい面が考慮され長くなります。

　精神障害者保健福祉手帳は、初診日から6か月以上経たないと申請できないため、傷病手当金を受給している間に申請できれば、経済的な支援の空白期間が短くなる可能性があります。

　このように、傷病手当金が支給される期間があるかないかで経済的に大きな違いが生まれます。

②　傷病手当金が支給されるための要件

1．支給される期間

　傷病手当金が支給される期間は、支給を開始した日（同一疾病により最初に支給を受けた日）から通算して1年6か月です。途中で体調がよくなって出勤した期間があれば、その期間については傷病手当金は支給されません。しかし、不支給の期間は通算されないため、支給開始から1年6か月が過ぎてからも支給が続くことがあります。

2．就労不能のために休んだことの証明をする

　仕事に就くことができない状態や、他の軽易な業務に就くことはできても、発症前に従事していた業務に就くことができない場合は、就労不能とみなされ、傷病手当金が支給される可能性があります。就労不能は、療養担当者（主治医）の意見等をもとに、本人の仕事の内容を考慮して判断されます。

3．連続する3日間を含み4日以上仕事に就けなかった

　業務外の事由による病気やけがの療養のため、仕事を休んだ日から連続して3日間休んだ日（待期）があり、4日目以降の仕事に就けなかった日に対して支給されます。待期には、有給休暇、土日・祝日等の公休日も含まれるため、給与の支払いがあったかどうかは関係ありません。4日目以降については、給与が支払われている間は、傷病手当金は支給されませんが、給与の支払いがあっても、傷病手当金の額よりも少ない場合は、その差額分が支給されます。

　また、障害厚生年金を受けている人は、その額の360分の1が傷病手当金の日額より少ない場合、その差額分が支給されます。

4．退職後に継続給付できる要件を満たす

　退職する前日までに継続して1年以上の被保険者期間があることや、被保険者の資格喪失時に傷病手当金を受給しているか受給要件を満たしていることで、退職後でも引き続き、残りの期間（1年6か月から、すでに受給した期間を差し引いた期間）の傷

病手当金が支給されます（退職日に出勤した場合は、受給要件を満たさないため退職日以降の継続給付はできない）。ただし、一旦仕事に就くことができる状態になった場合、その後さらに仕事に就くことができない状態になっても、傷病手当金は支給されません。

 # 5　支援は変化していく

1　支援の変化

　私たちと大谷優司さんとの出会いは、7 年前になります。カメラマンとして所属していた事務所からフリーになった時期に、近くの医療機関で軽度認知障害（MCI）という診断を受けて相談に来ました。MCI と診断されている間は、企業で働ける場合もありますが、さまざまな制度や障害福祉サービスを活用できないというデメリットがあります。

　若年性認知症の初期の人を診ている数が少ない医療機関では、高齢で症状が進行してから受診する人より、症状も進行しておらず、支援の必要性もそれほど高くないようにみられるのかもしれません。しかし、若年性認知症の人であっても、症状の進行とともに支援が変化していくことを知ることが大切です。大谷さんの場合、

表 4-7　支援の段階（大谷さんの場合）

【1 期】認知症の症状と折り合いをつけ、違う仕事を選ぶまで（約 1 年）	【2 期】就労継続支援 A 型事業所に慣れるまで（約 3 年）	【3 期】介護保険サービスの利用を開始し、就労継続支援 B 型事業所に移るまで（約半年）
大谷さん：カメラマンとして活躍してきた経験を活かし、さまざまな仕事に挑戦。それらの出会いのなかで支えられながら、タックでは全く違う仕事と仲間に出会う。 妻：夫に何とか仕事を探してあげたい。自分が稼ぎ手となる決心。	大谷さん：さまざまな A 型事業所を経験。カメラを使った仕事もするがうまくいかない。たまにタックに来て、仲間と過ごす。本人・家族交流会にも参加し、仲間との出会いは途切れず。 妻：夫に合った職場を探している。同時に正職員として自分自身が働ける場をつくる。	大谷さん：A 型事業所に 3 年余り通っていたが、通勤が 1 人では難しくなってくる。以前はできていた家事も 1 人でやることに不安を感じるようになる。また、土日の仕事のないときに、手もちぶさたで不安となり、少しずつ介護保険サービスを利用しはじめる。送迎のある事業所への移行を検討する。

支援の段階は大きく 3 期に分けられます。
・1 期：認知症の症状と折り合いをつけ、違う仕事を選ぶまで。
・2 期：就労継続支援 A 型事業所（以下、A 型事業所）に慣れるまで。
・3 期：A 型事業所から、介護保険サービスの利用を開始し、就労継続支援 B 型事業所（以下、B 型事業所）に移るまで。

2　その人を大切にしたサポート

　私たちは、法人の設立当初から、本人ボランティアという当事者による活動を支援してきました。その背景には、若年性認知症の人が高齢者の多いデイサービスを利用することに抵抗があったり、働いてきた人がすぐにサービスを受けられなかったりしたことがあります。大谷さんは、本人ボランティアを「若年性認知症の人を中心とした仕事の場『タック』」として実施しようとしたときの最初のグループメンバーでした。

〈1 期の段階〉

　大谷さんが 1 期の段階にあるとき、タックに参加してもらい、私たちの至らない点をいろいろと指摘してもらいました。大谷さんのこだわりの強さを感じる場面も多々ありましたが、彼は、「〇〇さんは寒いだろうから」とひざ掛けをかけてあげるなど、気配りのすばらしい人でもありました。一緒にいろいろな仕事に挑戦しましたが、そのプロセスは彼にとっても、私たちにとっても必要な時間だったと思います。しかし、小学生の子どもが 2 人いたため、家計を成り立たせていくうえでは、やはり仕事を探さなければならず、差し迫った状況にありました。私たちは妻と相談し、妻が正職員として働いて家計を支え、大谷さん自身は、就労可能な場所として A 型事業所を選ぶことにしました。

〈2 期の段階〉

　2 期では、さまざまな A 型事業所を経験しました。カメラを使った仕事もしましたがうまくいかず、他の事業所に移るなどしました。大谷さんは、うまくいかないときはふらっとタックに来て仲間と過ごし、自分なりの言い分をみんなに聞いてもらっていました。そうして気持ちが落ち着くと、また A 型事業所に戻るという感じで、タックは大谷さんにとってふるさとのような存在になっていました。

　約 3 年、同じ事業所に通っていましたが、1 年ほど前から、得意だった家事がう

まくできなくなり、それに時間を要するようになったことで、事業所に行く時間に間に合わなくなってきました。

〈3期の段階〉

　その後3期では、3年余り通っていたA型事業所への通勤が、1人では難しくなってきました。道に迷った日には、彼は大混乱に陥り、夜中に家を飛び出すなど、非常にストレスを抱えてしまっているようでした。A型事業所には、駅までの送迎がある月曜日のみ出勤し、送迎のある事業所に移行しようとしていました。

　この間のサポートのなかで私たちが大きく感動したのは、大谷さんが周囲に合わせて自分のこだわりを少しずつ変化させ、気配りの部分を大きくしながら、自分のできることに一生懸命であったことでした。こうした彼の変化には敬意を表したいと思います。また、それと同時に、「働くおとうちゃん」であり続ける彼を支える奥さんにも、尊敬の念を抱いています。家族の支えがなくては、大谷さんが働き続けることは難しかったと思います。

　若年性認知症の人への支援では、支援者が本人と家族にどう寄り添えるかが大事です。制度の利用だけでよいのか、その人の生き方を大切にしながら状況に応じて検討することが必要であるといえます。

3　支援の必要性をアセスメントする

　支援の必要性をアセスメントするうえで、アセスメントシートを活用して本人や家族の意向を確認することにしました(表4-8)。表4-8や表4-9のアセスメントシートは私たちの法人が作成したものです。3期の状況を表4-8のシートで確認してみると、就労支援や社会参加の支援、障害福祉サービスが必要なことがわかりました。

　就労支援や社会参加の支援としては、送迎が可能な事業所を見つけることが必要でした。移動支援は、余暇活動のみにおける支援であり、就労先への移動には使えないという矛盾した状況にありました。この点について妻が行政に改善を求めたところ、送迎加算を行っているA型事業所のリストが送られてきました。しかし、実際に送迎を行っているA型事業所は、住んでいる市内では見つけられなかったため、B型事業所を見つけて体験に行くことになりました。

　大谷さんは、家事はサポートがあればできるとのことでしたが、妻は仕事と子どもへの支援も行っており、本人が家事を行うためのサポートをするには時間的に難

表 4-8 支援の必要性を知るシートの例

現在の状況と支援の必要性（担当者が必要と考える）、意向（本人、家族の意向）がどうか、チェックしてみましょう。

＜3期の段階＞

状　　況	必要性	意向	備　　考
1．診断の状況			
1) 診断が明確でない	☐	☐	→適切な医療機関へつなぐ
2) 診断が明確になった	☐	☑	→障害者手帳、障害年金、自立支援医療の申請
2．就労・家事・育児・介護の状況			
1) 仕事を続けている	☐	☐	→就労継続の支援
2) 仕事を辞めるように言われている	☐	☐	→就労継続の支援
3) 再就職（できる仕事に移る）	☐	☐	→再就職の支援
4) 仕事をさがす	☐	☐	→再就職の支援
5) 再就職（福祉的就労）	☑	☐	→福祉的就労支援
6) 就労をすべて諦める	☐	☐	事業所への送迎が必要
7) 家事・育児・介護などが困難になってきている	☑	☐	サポートがあればできる
3．介護保険サービスは必要でないが、なんらかの支援が必要な状況			
1) 外出したいが、単独では心配である	☑	☐	→移動支援の利用
2) 社会参加の場が必要	☑	☑	→社会資源の利用を検討する
4．障害福祉サービスが必要な状況	☑	☑	
5．介護保険サービスが必要な次のような状況がある			
1) 一人暮らし	☐	☐	→社会資源の利用を検討する
2) 1人で留守番していて食事を食べない	☐	☐	
3) 知らない間にけがをしている	☐	☐	
4) 外出して1人で帰れない	☐	☐	
5) トイレが1人でうまくできなくなる	☐	☐	
6) 介護者といると萎縮してしまう	☐	☐	
7) 介護者が疲れている	☐	☐	
8) できることがあるのに介護者がうまくサポートできない	☑	☑	時間的に難しい
9) 服薬確認の必要性がある	☐	☐	

しい状況にありました。このように、アセスメントシートを活用することで、現在の状況ではどういった支援が必要なのかを本人、家族と共有することができます。

4　支援のプロセス

①　就労支援

私たちは妻と相談して、大谷さんのB型事業所の見学を手分けして行うことと

表 4-9　ジョブベースづくりのシートの例

ハローワークからの紹介で仕事を行う場合や、就労継続支援 A 型・B 型事業所などで仕事を開始する前に活用したり、働き始めた数か月後に、課題がないか、就労先の担当者とチェックするために使用してみましょう。
現状：できていることをチェックし、必要性：サポートの必要性もチェックしてみましょう。
サポートの内容：仕事を続けるうえで必要なサポートや本人の強み、課題などもメモしておきましょう。
できていることでも、継続のために必要なサポートがあるかもしれません。

1.	健康・生活の管理		現状	必要性	サポートの内容
	1	定期的な通院をして病状が安定している	✓		妻と定期的に医療機関を受診し、服薬も行っている。
	2	服薬管理ができる、サポートがあればできる	✓		事業所への行き帰りがうまくいかなかった日は不安定になり、夜間家を飛び出していった。
	3	自分の障害・症状の理解をしている	✓		
	4	不安感がなく、気持ちが安定している		✓	事業所に通うなど、日課があることで、生活リズムも整う。
	5	睡眠が十分とれている	✓		
	6	生活リズムが整っている（起床など）	✓	✓	
	7	季節に応じた服装ができる、サポートがあればできる	✓		

2.	コミュニケーション・人間関係		現状	必要性	サポートの内容
	1	協調性がある	✓		A 型事業所には 3 年通い、仲間との関係もできている。新しい仲間になじめるように支援が必要。
	2	共同作業ができる	✓		困ったときに初めは聞けないかもしれない。声かけをお願いします。
	3	感情のコントロールができる	✓	✓	
	4	意思表示ができる		✓	
	5	就労の場、仲間になじむことができる	✓	✓	
	6	自分から周囲の人に話しかけることができる	✓	✓	
	7	仲間への気遣いができる	✓		
	8	困ったときに周りの人に聞ける	✓	✓	

3.	基本的労働習慣		現状	必要性	サポートの内容
	1	就労の意欲がある	✓		作業にはまじめに取り組む。正義感が強く、まじめでない人を怒ることがある。A 型事業所では、年齢が上の人を慕っていた。
	2	作業意欲がある	✓		
	3	持続性がある	✓		
	4	働く場のルールを理解している	✓	✓	忘れ物をしないように、ポーチ、リュックの入れる所を明確にしてください。何かがないと思うと落ち着きません。一緒に確認してあげてください。（写真 1、2）
	5	危険や疲れに対処ができる		✓	
	6	作業態度がまじめである	✓		
	7	仕事の報告ができる		✓	
	8	忘れ物をしない、あっても対応できる	✓	✓	
	9	安定して通所・通勤ができる		✓	

4.	職業適性		現状	必要性	サポートの内容
	1	1 日のスケジュールが理解できる		✓	新しい事業所になじむまで、スケ

			現状	必要性	
	2	就労能力の自覚（作業適性・量）		✓	ジュールに合わせた声かけをお願いします。
	3	効率をあげる工夫ができる		✓	数を1人で数えることは難しい。繰り返しの作業はがんばってできる。A型事業所では発泡スチロールのコーンを詰める作業をしていた（写真3）。
	4	作業の指示が理解できる		✓	
	5	作業の正確性がある		✓	
	6	作業環境変化に対応できる		✓	

5.		通所・通勤	現状	必要性	サポートの内容
	1	交通機関を利用して遠方から1人で通える		✓	A型事業所には、3年間1人で通っていた。今年1月くらいから、行くのが難しくなり、近頃は帰りも難しくなってきた。帰りは近所であれば帰れますが、行きは自宅まで迎えをお願いします。
	2	電車の乗り換えに対応できる		✓	
	3	駅から就労場所まで歩いていくことができる		✓	
	4	道がわからなくなり迷っても対応できる		✓	
	5	外出しても1人で帰ることができる	✓	✓	
	6	信号など交通ルールを守ることができる	✓		

6.		家族の協力	現状	必要性	サポートの内容
	1	本人が働くことに同意している	✓	✓	妻は自分の職場にも夫の状況を話して、時間の調整などをしているが、小学生の子どもも2人おり、ハードな日常を過ごしている。負担軽減が望まれる。
	2	本人の症状、障害特性を理解している	✓		
	3	必要な際、通勤などのサポートができる	✓	✓	
	4	就労上のリスクについて理解できている	✓		

写真1

リュック→エプロンなどが入っている
ポーチ →内側ポケット：障害者手帳の中に、地下鉄の乗車証
　　　　　外側ポケット：自宅のカギ

写真2

A型事業所では、名前の書いてあるカゴに荷物を入れていました。

写真3

スコップで、発泡スチロールのコーンを袋に詰める仕事をしていました。

しました。同時に、3 年余り通った A 型事業所のスタッフにも支援のポイントを聞き、事業所で働いているところを見せてもらって、「ジョブベースづくり」というアセスメントシートにまとめました（表 4-9）。

そのシートを妻が見学に同行した際に利用することによって、新しい事業所のスタッフにサポート内容への配慮をしてもらえるようにしました。

就労継続支援事業所は、知的障害や精神障害のある人は多く支援していますが、認知症の人を支援した経験はほとんどありません。本人の服装や持ち物のこだわり、不安になりやすい事項、また、どうしたら職場環境になじめるのかなど、アセスメントシートを活用して本人のアピールポイントなどを伝えることも大切になります。

②　介護保険サービスなどの制度を利用する際の工夫

介護保険サービスの利用にも一工夫が必要です。大谷さんは、妻が働いているのを助けたいという気持ちが強くあり、以前から洗濯や夕食の準備などを行っていました。しかし、次第にその手順がうまくいかなくなり、事業所に行く時間に遅れるようになりました。また、乾いていなくても洗濯物を取り込んでしまうことなどもありました。それは、彼自身にとってもストレスになっているのではないかと思いました。

そこで、大谷さんが自分で洗濯してきちんと干せるように、訪問介護を利用して

表 4-10　1 週間のスケジュール例

曜日	月	火	水	木	金	土	日
支援内容	訪問介護（本人の洗濯支援、出かける準備支援）					デイケア（医療保険）	
	B 型事業所（送迎付き）						
		訪問介護（調理支援）			訪問介護（調理支援）		

表 4-11　小規模多機能型居宅介護と就労継続支援 B 型事業所の活用例

曜日	月	火	水	木	金	土	日
支援内容	小規模多機能型居宅介護への通い					小規模多機能型居宅介護の泊まりを利用	
	B 型事業所（送迎付き）						
	小規模多機能型居宅介護で夕食						

支援してもらうことにしました。さらに、不安なくサポートしてもらえるように、出かける際の持ち物の確認などを介護支援専門員（ケアマネジャー）とも共有しました。食事づくりに関しては、曜日を決め、大谷さん自身が家族の食事をつくることを訪問介護でサポートしてもらいました（表4-10）。

　配偶者が働きながら子育てをしている世帯では、認知症の人が家事をできるように支援することも大切です。基本的に介護保険サービスの利用が優先ですが、介護保険では訪問介護の給付が足りない場合は、障害福祉サービスの利用も可能です。また、自立支援医療の活用により、精神科デイケアや重度認知症デイケアの利用もできます。

　上記のサービスを利用してから2年が経ち、症状も進行したため、家族も一旦は施設への入所を考えましたが、小規模多機能型居宅介護とB型事業所を利用しながら、大谷さんは、仕事と自宅での生活を継続しています（表4-11）。

第 5 章

家族を支援する

① 若年性認知症の人の家族をめぐる状況

1 家族全体に影響する

　若年性認知症の人の家族の負担は、身体的・精神的な負担に加え、社会的・経済的な負担が非常に大きいことが特徴です。高齢者の場合は、仕事などをリタイアして、子ども世代が各家庭を支えているので、認知症になったとしても家族全体にそれほど影響はありませんが、若年性認知症の場合は、各家庭を支える働きざかりの人が発症するため、家族全体に影響を及ぼします。

2 家族のなかで抱え込みやすい

　配偶者間で介護する場合、現在進行形で夫婦の生活が継続しているなかで発症することが多いため、他者の手助けが必要となるまで、夫婦単位で問題を解決する傾向が強くあります。特に身体介護が必要でない場合は、どこまでが夫婦での助け合いで、どこからが介護なのか、線引きができないこともあります。

　介護は初めての経験であり、自分がついていなければと抱え込んでしまい、べったりとかかわってしまう配偶者も少なくありません。離れられず、共依存にも似た関係となり、それにより公的サービスの利用が遅れることもあります。それは反面、家族の介護力が高いということでもあります。

　特に配偶者と子どもたちで介護を担うケースでは、最初の数年は家族介護でなんとかもちますが、成人した子どもが結婚等により家を出ていくと、配偶者に介護が集中し、一時的に高かった介護力はあっという間に衰えてしまいます。そして、その時点で公的サービスを利用しようと思っても、本人のサービスになじむ力が失せていたりすることから、対応が極端に難しく、後手に回ることもあります。

　第4章でも述べましたが、公的サービスは、本人が集団となじむ力をもっているうちに利用しはじめることが大事です。たとえ家族に介護力があったとしても、本人が他者との関係を楽しめるときに公的サービスを使いはじめたほうが、スムーズに利用できます。

3　介護の期間が長い

　老親の介護と比べ、若年性認知症の人の介護は期間が長いことも特徴の 1 つです。2011（平成 23）年に行われた若年性認知症の介護家族を対象とした調査では、回答者家族の平均介護期間は 5.5 年でしたが、最長で 18 年という回答もありました[1]。私たちが知るケースでも 23 年介護して施設入居は最後の 1 年だけという人もいました。

4　ダブルケア

　若年性認知症では、ダブルケアも珍しくありません。配偶者と親の介護、親の介護と子育てなど、1 人で複数のケアをしている人たちもいます。子どもを抱えながら、デイサービスの利用を嫌がる 60 代の母親と一緒にタクシーに乗り込み、送迎に付き添っていた娘さんもいました。また、介護支援専門員（ケアマネジャー）が老親のケアプランを作成するため自宅を訪問するうちに、子の若年性認知症に気づき、1 世帯で親子 2 人を担当しているケースもあります。

2　家族の悩み

　若年性認知症の人の家族は、高齢者と違い、家族介護者に子どもよりも配偶者が多いことや、若い年代の子どもたちが同居していることも特徴です。家族の立場によって抱える悩みはさまざまです。「家族は認知症の第 2 の患者」という言葉もあるように、家族の疲弊、ストレスは大きいといえます。ここでは、家族の悩みを立

場ごとにみていきましょう。

1 配偶者

① 1人残された気持ち

今まで夫婦2人で考え、話し合い、決めてきた人生や家族の大切な事柄を、今後は自分1人で決めていかなければならないことは、不安やストレスになります。「今まで家庭内での決定ごとは主に夫が主導してきた。それが夫に頼めなくなり、些細なことから大きなことまで、すべて自分1人で決定していかなければならなくなったことがしんどい」と述べる妻もいます。一般的に、夫婦は悩みを共有し、話し合いを進めながら課題を解決していきます。そして、たとえ夫婦のどちらかが病気になったとしても治癒するまでお互いに支え合っていきます。しかし、認知症の場合、お互いに支え合うということが難しくなり、配偶者1人で病気を受け止めざるを得ません。夫婦二人三脚で歩んできた人生において、1人残された気持ちになるつらさがあります。

② 病気になる前の夫婦関係が影響する

病気になる前に夫婦がどんな関係だったかということも、介護に大きく影響してきます。病気になる前は、とても仲のよい夫婦だった、単身赴任の期間が長かった、夫婦同士の会話が少なかった、お互いの心がすれ違ったまま何年も暮らしてきたなど、いろいろな夫婦のかたちがあります。

病気の初期の段階では、配偶者が病気について理解がなく、離婚を考える夫婦や、たとえ理解をしたとしてもすぐに助け合う気持ちにはなれない人たちもいます。

支援者は、聞き取りのなかで、病気になる前はどのような夫婦だったのか、それとなく聞き取ったり、想像したりすることも必要でしょう。

③ 若い年齢の配偶者

配偶者のなかには、まだ30代という若さの人もいます。人は、年を重ねていくにつれ、人生においてさまざまな対処ができるように人生経験を積み上げていきます。「酸いも甘いも噛み分ける」という言葉がありますが、人生経験が豊かで、人情や世間の事情によく通じている、との意味であると辞書に示されています。そういった意味では、30代はまだ人生の学びを続けている成長過程の世代です。配偶者の認知症という困難に対応できる術を身につけていない年齢でもあります。若い人なりの悩みがあることを理解し、似たような世代の人を紹介するなど、若い年齢

の家族介護者同士が話し合える場所をつくるとよいでしょう。

④　義親からの非難

「息子が認知症になったのは嫁が悪い」「気づいてあげられなかったのは嫁のせいだ」などと、本人の親（義親）に非難される配偶者もいます。要介護状態になっていない親の世代では、自分の子どもの認知症を受け入れがたく、認知症になる原因がわかっていないにもかかわらず、配偶者に怒りや悲しみの矛先を向ける人もいます。時期をみて、支援者が本人の親との面談を行うほうがよいときもあります。

⑤　男性介護者としての夫

男性介護者は増加傾向にありますが、彼らが直面する困難として「長時間介護」「料理・食事」「排泄介助」があります。夫のなかには、妻の発病によって、仕事のほかに、今までほとんど携わってこなかった家事、時には子育てを、同時並行で行うことの困難さを訴える人が少なくありません。

また、夫の介護にありがちな傾向は、仕事の感覚で介護を実践しようとすることです。計画立った介護ができるという点ではメリットがありますが、体力に任せ、上手に手を抜くことができないので、夫は次第に疲弊していき、妻にとってもストレスになることがあります。

さらに、男性は、隣近所といった地域とのつきあいが少ない傾向にあり、集団で困難を解決することに疎い面もあります。要するに1人で解決しようともがいてしまうのです。ある男性は「1人でがんばりたい。負け犬だけで集まるようなことはしたくない」と語りました。家族介護者同士の集まりを「負け犬の集まり」と表現されたのですが、これは、弱音を吐いてはならないという男性に押しつけられた価値観の表れなのかもしれません。また、仕事に自分の役割を求めて現実逃避するあまり、ネグレクト（介護放棄）が生じる傾向もあります。

こういったことを防ぐためには、家族会に参加し、他の家族からのアドバイスを受けることが必要です。家族は、どんなにがんばっていても、がんばれなくなる時がきます（例えば、家族自身の健康状態の変化など）。支援者は状況をふまえながら連絡をとり、いつでも相談を受けられる関係をつくっておきましょう。

2　子ども

若年性認知症の人の子どもの年代は、就学前から40代と、幅広い年齢層となっていますが、多くは子どもの成長過程の「多感な時期」に重なります。思春期はア

イデンティティを獲得する時期であり、親は子どもにとってイメージする大人像の役割も果たしています。

　小学生以下の子どもたちのなかには、病気の一因が自分にあるように感じ、病気によって両親が仲違いするのは自分が悪いからだと責めてしまう子もいます。親の症状の進行を目のあたりにした子どもが「今までお父（母）さんだったのに、お父（母）さんでなくなる」と涙ながらに語ることもありました。

　児童・青年期にあたる子どもは、社会資源としての相談先を知ることは少ないですし、子どもに対して開かれている窓口はほとんどありません。「友達に話してもわかってもらえないので話せない」と1人で悩む子どももいます。

　中学生や高校生という多感な時期であれば、日々変わっていく親の症状を受け入れがたく、当事者である親につらくあたる、ばかにする、寄りつかない、自分の友達を家に連れて来なくなる、などといったこともあります。登校拒否など引きこもりになる子どもも少なくありません。さらに子どもにとっては、自らの教育、家庭の経済面、介護等の諸問題がのしかかってきます。自分が介護をしないといけないと思い、就職や進学を諦めてしまう場合もあります。若年性認知症の人の子どもへの支援は、いつでも相談にのることができる大人が近くにいて心理サポートを行うことが大切であり、学校やスクールカウンセラー、スクールソーシャルワーカーなどとの連携も求められます。

　社会人として生活している子どもの場合は、仕事の継続か離職かの選択をせまられることもあります。就学・就労の時期に親の介護を経験している人たちは、心理的なストレスばかりでなく、収入や親亡き後の自分の人生設計にも支障をきたしているのが現状です。さらに、子どもは将来の自分自身に思いを馳せ、遺伝的な認知症の発症に悩む可能性もあります。しかし実際は、アルツハイマー型認知症や前頭側頭型認知症の一部には家族性（遺伝）もありますが、日本では少ないといわれています。

子どもへの支援としては、①子ども自身の病気への理解、②子どもの気持ちの受け入れ、③子ども自身の就学や仕事と介護の両立、④子どもの将来に対する配慮、⑤遺伝に対する懸念への対応が必要です。

3　親・兄弟姉妹

認知症を発症した人の親が、介護者になる場合もあります。親自身にまだ介護が必要でない状態であれば、病気になった子どものために、できる限りのことをしたいと思わずにはいられません。しかし、高齢の親の場合、親自身の体力のことも考えると、本人の介護保険サービスの利用やその手続きに対しての配慮が必要になります。親自身に介護が必要な場合は、支援者が地域包括支援センターや認知症地域支援推進員を紹介して、手続きなどを進めるようにします。

また、兄弟姉妹が本人のキーパーソンになることもあります。本人の支援にかかわれるかは、同居か別居か、環境、兄弟姉妹の家族構成によりさまざまです。兄弟姉妹が複数いる人の場合は、キーパーソンが誰になるのかの見極めも必要です。なぜなら、長男・長女や近くに住む兄弟姉妹が、必ずしもキーパーソンになるとは限らないからです。時に兄弟姉妹と本人の配偶者の意見が違い、その調整が必要になることもありますが、兄弟姉妹が配偶者の心の支えになることもあります。

家族の支援に必要なこと

1　本人の笑顔をみる活動への参加

家族だけで毎日を過ごしていると、閉じられた空間で刺激もなく、お互いから笑顔が消えていってしまいます。また、家族だけの会話はあまり変化もなく、口数も次第に減っていきます。家族が本人のために一生懸命やっていても、本人に笑顔がなく、口数も少なくなれば、最初は意気込んでいた気持ちも薄れてくるでしょう。

本人の笑顔は、家族の気持ちの糧でもあり、同時に家族の笑顔が本人にも穏やかな毎日をもたらしてくれます。そのため、本人に家族以外の他者とふれあう活動への参加を促し、笑顔で楽しんでいる姿を家族に見てもらうことが必要です。

2　認知症のことを正しく知る機会をつくる

　認知症の症状のことが理解できていないと、本人がなぜそのような言動をとるのかわからず、家族もしんどい思いをします。また、中核症状と、認知症の行動・心理症状（BPSD）の整理がつかず、BPSDが激しく出ることで、本人の認知症が進行したのではないかと思い、本人の一挙一動が気になってしまいます。このようになると、家族の頭のなかがすべて本人のことでいっぱいになってしまい、些細（ささい）なことに一喜一憂し、そのことが本人にとっても窮屈に感じられることがあります。

　そうしたことを防ぐためには、認知症の症状を理解することや、本人ができないことだけでなく、できていることにも目を向けていけるようになることが大切です。また、支援者は家族の細かい相談にも耳を傾けてください。ただ、家族自身がインターネットなどで「認知症のことは十分知っている」という場合もあり、そのようなときは支援者からのアドバイスを受け付けないこともあるかもしれません。家族が受け身になっているだけの状態にとどまらず、家族が学びたいと思ったときに学べる機会があるとよいでしょう。

3　「本人ができるように」の視点をもつ

①　本人ができることを楽しめるようにする

　「自分でできるように」というのは、人間の成長過程においてとても大切なことですが、認知症になると、それが当てはまらないこともあります。それゆえに本人にとって難しくなっていることを求めたり、逆に本人ができることを手伝い過ぎたりすることがあります。家族が、以前の本人の姿に戻ってほしいと願って、そのようなかかわり方になってしまうのも仕方ありません。しかし、できることを奪われたり、できないことを指摘されたりすると、本人も自信をなくし、家庭に居場所がないと感じることになります。

　以前、若年性認知症の男性から、「家に帰ってきたら、いつも履物をそろえるように言われることが嫌だ」「部屋の中にいて、トイレに行くために立とうとすると『どこに行くの』と聞かれる。トイレくらい1人で勝手に行かせてほしい」という話を聞きました。

　この場合、家族の言葉は、「認知症になって履物がそろえられなくなっているので、注意してあげないといけない」「1人でどこかに出かけると帰ってこられないので

心配」という、本人のことを案ずる心から出たものだと思われます。

　しかし、本人にしてみれば、細かいことをチェックされているような気持ちになったり、自由を奪われたかのように感じたりして、家族への思いも複雑なものになってしまいます。リスクを案ずるがあまりに、本人の行動を制限してしまうと、本人はやりたいこともできません。必然的に行動範囲が狭くなり、そのことで、脳への刺激も少なくなってしまいます。認知症になったからといってすべてのチャレンジを諦めてしまうことは、生きていく意欲の低下にもつながります。

　認知症は疾患によってさまざまな症状があり、そのうえ本人の物事の考え方や置かれている環境によっても現れる症状が違ってきます。家族や支援者はこのことを正しく理解し、本人ができることを楽しめるように環境を整えることが必要です。

②　本人や家族が学べる地域での講座

　私たちは以前、診断されて間もない本人とその配偶者を対象に、病院の一室を借りて「あんしん塾」という連続講座を開催していました。これは、診断後の不安な気持ちを解決するために、病気についての理解や制度の説明、日々の暮らし方などを本人と家族が学べる講座です。地域でこういった講座があると、地域での横のつながりや、社会資源とのつながりも出てくるのではないかと考えられます。

あんしん塾

・診断を受けて間もない若年性認知症の人と家族のための勉強会
・認知症疾患医療センターなどの協力を得て、家族の集まりやすい場所で開催
・診断を受けて間もない家族で、あんしん塾の参加を希望する人を医師から紹介
　してもらう

〈プログラム〉

・各講義を1時間、質疑応答などを30分行う
　1回目：認知症の症状の特徴や対応について
　2回目：就労支援や経済的な支援について
　3回目：制度の利用について（自立支援医療、障害福祉サービス、介護保険サービス）
　4回目：家族の意見交換

---

4 活用できる制度のサポート

　若年性認知症の人と家族が活用できる制度については、すでに説明をしてきました（第4章参照）。しかし、これらの制度をスムーズに活用できる人ばかりではありません。自立支援医療などは診断を受けるとすぐに申請ができるものですが、家族が告知にショックを受けて混乱している場合、情報が届かないこともあります。

　私たちのかつての経験ですが、診断後間もない家族に、活用できるいろいろな制度を説明した後、「多くの説明を受けたが全然わからない」と言われたことがあります。まずは、家族の気持ちをしっかりと聴くことが必要だったと反省をしました。

　制度については、すでに家族自身で勉強をしている人もいますが、なかには、制度内容、手続きに関することは苦手であったり、間違った内容で理解をしていたりする人もいます。家族が、制度の申請など、手続きをすることに慣れていなければ、自治体の若年性認知症の支援に関するハンドブックをもとにわかりやすく説明をしたり、時には支援者が申請に同行したりすることも必要です。

　何度も役所に出向くことで、家族が行政との交渉に疲れて申請を諦めてしまうこともあります。また、働いている家族にとって、度々仕事を休んで役所に行くことはそう簡単ではありません。職場に家族が認知症であることを言えないままでいる人や、休暇申請は本人の通院同行のためにとっておきたいと考える人も少なくありません。支援者は、以前説明をしたと思っていても、必要な情報は時期や状況に応じて何度も説明し、制度手続きにおける家族の負担をできるだけ減らせるようにサポートをしましょう。

5 情緒的なサポート

　人は、他者に話をすることで、自分の心の内を整理することができます。家族からは、「友達に話をしてもわかってもらえないので話せない」という話をよく聞き

ます。支援者の役割は、家族自身が自分のことを客観的に見つめられるようになるために、丁寧に話を聞くことです。例えば「認知症の夫の行動にイライラして昼からお酒を飲んだ」と語る妻に対して、支援者が「昼からお酒を飲むのはよくない」という価値観をもっていたとしても、その価値観を押しつけてはいけません。家族の話をありのままに受け入れることを意識するようにしましょう。

6　地域の人へ話す

　認知症に関する情報が社会に浸透してきましたが、多くの場合、それは高齢者の認知症のイメージが強く、若年性認知症についての地域の理解はまだまだ不十分です。「若いのに認知症になるんですか」「寝たきりなんですか」などと、理解に乏しい声もあります。このため、家族は地域の人々や親族にも相談できず、対応方法もわからないまま悩み続けているケースが多くあります。

地域でのかかわりの例

　地域のなかでは、認知症の人は町内会での役割をはじめ、近隣住民との日常の付き合いに支障が出ると、発症前の人間関係は中断せざるを得ない現実があります。

　60代の認知症の女性は「（近所の家に）行く気になれへんね。『たまにはうちにもおいでーや』って道で会ったら言ってくれるんやけどね。そやけど、なんか悪い気がして行かれへん」と語ります。また、その夫も「前に近所付き合いしていた人も、負担がかかるやんか、もの忘れたりするから。鍵忘れたとか。その人はそれでもう面倒みるのが嫌になってしまう」と重ねて言います。

　本来なら仕事に出かけている世代の人が毎日家でじっとしているのですから、地域の人の関心を集め、いろいろな噂の元になることもあります。ある女性は、「夫が認知症であることを隣の家の人に話をした途端、町内会長がすぐお見舞いを持って自宅を訪ねてきた。きっと夫のことが噂になっていたんだろう」と語ります。

　また、別の女性は、「認知症の夫のことを近所の親しい人に話したら、『ご主人、寝てなくてよいの?』と言われた」と語ります。さらに、一人暮らしの本人は、地域の人から「『日常会話もできるし、1人で生活できているじゃないか、あなたが認知症だなんて冗談でしょ』と言われ、非常につらい。自分は病気と必死で闘っているのに」と訴えます。

このような地域住民とのやりとりは、枚挙にいとまがありません。些細^(さ さい)なやりとりでも、こういったことが重なれば、地域のなかで認知症であることを話すことを躊躇^(ちゅうちょ)してしまいます。そのことで、本人は一層家から出られなくなり、家族は閉じられた関係のなかで過ごさざるを得なくなります。

地域の人に認知症であることを無理して説明する必要はありません。「話してもいい」と思えるようになった時期にすればよいので、支援者は無理強いしないほうがよいでしょう。例えば、趣味の会のリーダーだけに伝える、口外しない信頼がおける人だけに話す、生活上頼らないといけない人だけに話す、など最初から広く伝えなくてもよいということを、家族に話しておくようにしましょう。

7 ストレスの対処方法

① ストレスの多い家族

家族には、介護によるストレスのほか、仕事、子育て、近所付き合いなど多くの負担がかかり、ストレスと無縁でいられない人もいます。しかし、介護を続けていくにつれて、うまく力の抜き方を身につけ、介護のストレスと上手に付き合っている人もいます。支援者は、日々の生活のなかでできるだけストレスを減らす方法と、ストレスを感じたときにそれをうまく解消できる方法を伝えていくとよいでしょう。

少しのストレスは私たちに成長とやる気をもたらしますが、過剰なストレスを前にすると乗り越える気力が起きなくなってきます。また、本人に対して怒りをぶつけた自分を反省し、悔いることがまたストレスになってしまいます。

② できることに目を向ける

ストレスを最低限に抑えるためには、先に述べたように、認知症についての正しい知識を身につけることのほかに、本人のできることに目を向け、できないことには目をつぶるといった対処方法もあります。本人ができないことを追求してイライラするより、できることを一緒に楽しむほうが日々の生活は豊かになります。そして、そのためには、ちょっとした生活の工夫が必要かもしれません。

以前、相談を受けたなかで、「お皿にラップをかけることがうまくできない夫に対していらだつ」と話す家族がいました。アドバイスとして「薄いラップにするとお皿にかけやすい」と伝えたことがあります。

生活のなかで長年当たり前に思ってやってきたことが、本人にとって難しくなっ

た場合、少し視点を変えることによって本人ができることはたくさんあります。本人がどうやったらできるのか、家族と一緒に考えてみてください。しかし、本人ができないことを無理やりさせることは、本人に過剰なストレスを与えることになります。

③　ストレスを解消する方法

　ストレスを解消する方法はいくつかあります。一般的に紹介されるものは、趣味を続ける、ストレッチやヨガをする、アロマをたいてリラックスする、マインドフルネスの考え方や瞑想を取り入れる、などです。時間があれば、お気に入りの商品が置いてあるお店に買い物に行くこともよいかもしれません。いずれにせよ、これをやったら自分はリラックスできるという方法を、家族自身が知っておくことが大切です。介護も仕事も子育ても全部 1 人でと考える家族は多いと思いますが、忙しい毎日でも、どこかで自分のための時間をつくることを心がけるように支援者は促すようにしましょう。他の家族から、ストレスを解消する方法についてアドバイスを得る機会をつくることも有効です。

8　介護しながら仕事を続けていくには

　若年性認知症の人や家族のなかで、経済的に苦しいと考えている人は少なくありません。特に、定年を迎える前に、仕事を途中でやめざるを得なかった 50 代までの人たちは、子どもにお金がかかったり、家のローンを抱えていたりすることもあります。たとえ障害年金を受給できたとしても、年収は 200 万円以下になることが予想されます。

　また、配偶者についても仕事をしたいという思いはあるものの、なかなか仕事を継続できないという現状があります。今までパート勤めの主婦であった妻が、40 代、50 代でいきなり正職員として働くことは難しい世の中です。また、仕事を続けて

きた男性であっても、妻の介護のため、これまでのように会社優先で働けない（残業、休日出勤が難しい）状況となります。その結果、定時で必ず帰宅できる部署に配置転換などをしてもらい、収入が減ったという人もいれば、そもそも、介護によるストレスや疲れ、睡眠不足により、働ける状態ではない人もいます。

しかし、介護をしながら家族が働き続けることは大切です。もちろん収入確保のためでもありますが、それと同時に、家族自身が介護以外の世界をつくるということも必要だからです。家庭の閉じられた空間で本人とだけかかわっていると、次第に家族同士の関係はギスギスしていきます。普通ならストレスと感じないようなこともストレスに感じ、追い詰められていく人もいます。仕事をしながら、本人の介護もというのは確かに厳しい状況であるとは思いますが、それでも家族にはできるだけ働き続けることをすすめるようにしてみましょう。

家族が働き続けるための支援として、介護休暇等の制度の紹介、宅配サービスなどの利用の紹介などがあります。就職先を探している家族には、生活困窮者自立支援事業の就労支援などを紹介することができる場合もあります。

 ## 4　子どもへの支援

近年、ヤングケアラーに注目が集まっていますが、子どもへの支援体制は、まだまだ不十分です。ここでは、家族のなかでも子どもへの支援についてふれます。

1　子どもに病気の説明をする

子どもには、病気の説明をしてもわからないと思う人もいるかもしれませんが、3歳以上の子どもであれば、親のいつもと違う雰囲気に気がつくこともあります。小学生の子どもには、わかりやすい言葉で親の病気のことを説明するほうがよいでしょう。2020（令和2）年にNPO法人認知症の人とみんなのサポートセンターが行った調査では、病気の説明を受けてよかった理由として、「病気のことについて気がついてはいたが、説明を聞くことで覚悟ができた」「状況を共有できた気持ちになった」「もう1人の親に抱え込んでほしくなかった」がありました（表5-1）。

この調査は2020（令和2）年に、若年性認知症の親をもつ子どもが求めるサポー

表 5-1 「若年性認知症の親をもつ子ども」へのアンケート結果

(単位：人)

回答者（子ども）の属性		親の状況		親の認知症について説明を受けたか	
性別		**診断された時の親の年齢**		受けた	20
男性	6	50 代前半	5	受けなかった	2
女性	16	50 代後半	3	**誰から説明を受けたか**	
		60 代	14	医師	8
現在の年齢		**親の病名**		もう 1 人の親	10
10 代	3	アルツハイマー型認知症	15	その他	2
20 代	3	前頭側頭葉変性症	5	**説明を受けてよかった理由**	
30 代	11	脳血管性認知症	1	・もう 1 人の親が 1 人で抱え込	
40 代	1	不明	1	まないで欲しかったから	
50 代	4			・はっきりとした病名がわかり、	
親が診断された時の年齢		**現在の親の状況**		ある意味覚悟ができた	
小学生以前	1	一緒に暮らしている	8	・今後の事について調べやすく、	
小学生	0	施設で暮らしている	5	状況を共有できた気持ちに	
中学生	1	病院に入院している	2	なった	
高校生	1	亡くなっている	4	**親が認知症になったことで自分に影響があったと思うか**	
大学生	2	不明	3	あった	15
20 代	8			なかった	7
30 代	5			**あったと思われる影響（複数回答）**	
社会人	4			・病気の人や家族を助け	

どんなことを知りたいか（複数回答）			
病気の説明	19	**自由記載**	
生活の仕方	18	・遺伝について	
親への接し方	14	・どのような態度や言葉がよ	
		いのか	
成年後見について	9	・支援制度について	
親の金銭管理	8	・相談窓口	
学校や周りの人への説明	7	・親から確認しておくこと	
自分の将来	7	・親や子の気持ち（体験談）	
		・子どもの自立に必要なこと	

あったと思われる影響（複数回答）
・病気の人や家族を助けたいと思うようになった 9
・親のためにがんばれたと思う 8
・結婚や子育てを諦めたことがあった 4

出典：認知症の人とみんなのサポートセンター「若年性認知症の親を持つ子どもたちへ」2021 年

ト内容を明確にするため行ったものです。対象は、家族会などに参加している若年性認知症の親をもつ子ども世代（中学生以上）25 人です。そのうち 22 人から回答があり、親の診断された年齢は、50 代前半が 5 人、50 代後半が 3 人、60 代が 14 人でした。病気についての説明を受けている子どもがほとんどで、医師やもう 1 人の親から説明を受けていました。自分にあったと思われる影響については、結婚や子育てを諦めたことがあったという人が 4 人、進学や就職で諦めたことがあったという人が 2 人でした。子ども自身が知りたい内容としては、遺伝の割合、具体

表 5-2 「あなたに伝えたい」大切なこと

親の病気により生活が変わっても
互いにかけがえのない家族に変わりありません
いつものように話をしようね
あなたは、そのままのあなたでいいですよ
でも、お話しするときは
あわてないこと、否定しないこと
ゆっくり一語一語はっきりと話すこと
そして、話しを聞いてあげるのも大切です
でも、様子が変になったら離れるように
親が病気だからといってあなた 1 人でがんばらないでね

出典：特定非営利活動法人若年認知症サポートセンター「あなたに伝えたいた
いせつなこと　認知症ってなぁに？」

的な接し方、親から確認しておくべきこと、支援制度、親の気持ち、ほかの子の体験談などが求められているという結果になっています[2]。

　ここからも若年性認知症の親をもつ子どもたちのなかには、遺伝などの影響を心配したり、進学、就職、結婚、子育てに影響を受けている人がいることがわかります。

2　子どもは親の介護を手伝わなくてもよい

　多くの子どもたちは、自身が親の食事や入浴の介助をしなければいけないと考えています。時にはそういうこともあるかもしれませんが、それを子どもの「仕事」としないでおくことが大切です。病気の親は、自分の介護のために子どもの生活を奪いたくないと思っています。それは認知症になっても同じです。

　そのために、できるだけ子どもが学校や仕事を続けていけるような支援が必要です。学生であれば授業料や入学金の免除、奨学金の利用、仕事をしている人であれば介護休暇、介護休業の活用で、できる限り学業や仕事を続けられるように支援をしましょう。そして、親の介護だけで自分の心身をめいっぱい使わないで、学業や仕事の合間に自分だけの時間を意識的につくり、自分のために使える時間も残しておくことを、声かけするようにしましょう。子どもが自らの生活を楽しんでいることは、親の励みにもなります。

　子ども世代の人がやるべきこととしては、認知症のことや、介護保険、医療保険、

障害福祉制度のことなどをしっかりと勉強することです。そして、勉強したことを
もう 1 人の親や兄弟姉妹、親族の人たちに伝えたり、もう 1 人の親が決断をすると
き（例えば施設への入所）に、その決断を一緒に支えられるようになっていってほし
いと思います。また、認知症のことを勉強しておくと、病気の親がなぜそういった
行動をとるのか理解することができ、家族のストレスも減っていきます。

3　子ども自身の気持ちのコントロール

　子どもは、親のことを友人や家族、親戚の人たちにも話せず、1 人で悩んでいる
かもしれません。子ども自身が自分の気持ちを言葉にできる環境や支援が必要です。
言葉にすると少し客観的に考えられるようになり、気持ちが整理できることもあり
ます。

　うまく話せなくてもよいです。しんどい時には「しんどい。もう嫌だ」と言葉に
することをすすめてください。子どもが信頼できる人や、支援者たちは、ぜひ聞き
手になってください。子どもには自分の思いを言葉にして、エンパワメントできる
場が必要です。また、心配や不安な気持ちを取り除く練習をすることも、気持ちを
コントロールするうえで大切なことの 1 つです。子どもがエンパワメントできる場
を一緒に探し、思いを共有し合える人を見つけるようにしましょう。

4　病気になっても親が子どもを想う気持ちは変わらない

　病気になった親が子どものことを気にかけなくなったような気がしたり、子ども
に冷たくなったり、時には暴言を吐いたり、暴力を振るったりしてしまうこともあ
るかもしれません。でも、それは親が子どものことを嫌いになったからではありま
せん。認知症になると、自分の言いたいことが言えなかったり、その場の状況がわ

からなくてイライラしたりして、それが言動として表に出てしまうことがあるのです。病気になったからといって、親の優しさが失われたわけではありません。

　もし親の暴言・暴力があって、それを受け止められる気持ちの余裕がないときは、別の部屋に移動したり、出かけたりするなどしてその場を離れることも必要です。子どもだから、親の気持ちをすべて受け入れなければいけないということはありません。

　親が病気になって、子どもには、いろいろなつらいこと、悲しいことがあると思います。病気の親のことで、同世代の友人が悩まないようなことで悩まなくてはいけないかもしれません。でも、そのことで、世の中の「生きづらさ」「困難」を抱えている人たちの気持ちがわかることもあります。それは、今後どんな人生を歩もうとも大切なことです。自分の痛みを知っている人は、人の痛みを理解することができ、また強くもなれます。

　現に前述の 2020（令和 2）年の調査では、多くの子ども世代の人たちから、「病気の人や家族を助けたいと思うようになった」「親のためにがんばれたと思う」「たくさんの人と知り合えた」「自分のことについて改めて考えることができた」「家族関係の再構築ができた」という回答がありました。

　また、子どもの支援に特化した支援団体もあります。若年性認知症の親と向き合う子ども世代のつどいを定期的に開催しており、オンラインなどでの参加も可能です。

 ## 5　家族介護者同士の交流

1　家族会

　2001（平成 13）年頃から、全国各地で若年性認知症の家族会が設立されるようになりました。同じ悩みをもつもの同士が手をとり合って支え合い、情報の交換を行おうとする取り組みがはじまったのです。

　家族会では、介護経験の浅い人に対しては、慣れた人がアドバイスを行い、各種制度や医療機関の情報交換を行います。なかには、近所や親戚などにも隠している介護の状況を一気に話し、心を落ち着ける人もいます。このような交流は、本人へ

の対応方法の参考ともなり、対応が間違っていなければ自信を深めることもできますし、参考となる意見を聞くことで、家庭で実践する意欲を高める契機ともなっています。家族会の果たす役割として、単に家族が悩みを語り合うだけでなく、自身が前向きに生きていく気概を養う場としての機能があります。

　家族会に参加し、家族が平常心を取り戻すにつれて、本人の症状が落ち着いてくることがあります。家族が「本人に笑顔がみられるようになった」と口にするようになるときは、家族自身の笑顔が取り戻せたときなのです。まさに本人と家族の心は、合わせ鏡といえるでしょう。

　一方、症状が初期段階にある家族は、中期や後期段階の症状についての話を聞いて「大変な状況になる」と暗たんたる気持ちになることもあります。将来を悲観して大きなショックを受けてしまうのです。初期の頃に一度参加したきりで、その後全く音沙汰がなく、しばらくしてから改めて家族会に参加する人もいます。本人の症状を受け入れる準備を行う期間も必要です。人によっては、その期間が数年に及ぶ場合もあります。

　可能であれば、発症の時期が同じ人同士、若い年代の人同士、仕事をしている人同士、在宅介護をしている人同士、入所している人同士というように、小グループに分けて話し合えるような会の運営が望ましいです。

　また、認知症の疾患別のグループをつくることも必要です。私たちの法人では、15 年前から「前頭側頭型認知症の家族会」を定期的に開催しています。アルツハイマー型認知症の症状と前頭側頭型認知症の症状が違うことから、「あなたのところはいいわね、まだ話ができて」とアルツハイマー型認知症の人の家族に言われて傷ついた、という前頭側頭型認知症の人の家族の思いからはじまりました。前頭側頭型認知症の家族は、アルツハイマー型認知症の家族とはまた違った悩みを抱えています。

2　家族会で話し合われること

家族会で話し合われる家族の話の一例

・違う病気で入院した際、（最近おかしいと思っていた）脳の検査を同時に受け、認知症の告知を受けた。まさかという信じがたい気持ちになった。1か月ショックが続いた。告知を本人に伝えると、動揺して落ち着きがなくなった。

・夜の徘徊があるため睡眠薬を利用しているが、家族としてはできるだけ使いたくない。だが、薬を使うことによって本人が楽になるのであれば、仕方がない。

・車の運転はダメと医師からきつく言われ、やむなく車を手放した。

・職場の環境（受け入れ体制）などの問題もあり、認知症になってから退職した（結果的にそうせざるを得なかった）。

・なかなか入浴してくれない。後で子どもが「お母さんが寝た後に入っていた」と教えてくれた。もし、他の病気で入院となったときのことが心配。

・若年性認知症に対応したデイサービスが少ないため、高齢者と同じデイサービスを利用している。当初は本人が拒否的であり、途中で帰ろうとしたこともあった。「なぜここに来なければならないのか」と本人が訴えてきた。このような状況から、最近ではデイサービス側から断ってくることもある。

・障害福祉制度（精神障害者保健福祉手帳・身体者障害者手帳の取得や、自立支援医療（精神通院医療））を利用している。申請方法などについては医師から聞く機会が少なく、家族会で情報を得た。

・最近は落ち着きつつあるが、症状に波がある。引っ越しなど環境の変化は本人だけでなく家族にとっても精神的にしんどい。

・上の孫は最近本人（祖父）に近づかなくなった。旅行した際、飛行機の中で離陸するときパニックになり、離陸直前に2人で飛行機を降りたことがあった。

　こうして家族会で話し合うことにより、下記のような思いが家族たちに見られるようになったりします。

・他では気を遣いながら、自分の本当の思いを打ち明ける場所がなかったが、同じ病気をもった家族同士なら安心して気兼ねなく話せる。
・不安でいっぱいでも、仲間から力、元気を与えてもらえる。
・奈落の底に突き落とされた気持ちから少しずつ這い上がることができた。そして

　徐々に平常心を取り戻すことができ、支援してくれる人たちのおかげで前向きに
考えられるようになった。

3　家族会の役割

①　仲間と会える

　悩みを抱えていたり、周りに言えず孤立していたりする家族が、家族会に参加することで「自分だけじゃない、理解者がいる」と感じ、気兼ねなく心の内を話せる安心の場となります。また、他の家族の話を聞くことで「自宅に帰ったら、またがんばろう」と新たなエネルギーを受け取ることができます。

②　情報を得ることができる

　家族会に参加する他の家族から、介護保険サービスや障害福祉サービスの知識、医療情報などを得ることができます。また、介護方法を学び、本人や家族自身の将来のことを考えることができます。

③　第三者とかかわることができる

　本人が家に閉じこもるようになった場合は、24時間の大半を本人と家族だけで過ごすことになります。家族に疲弊をもたらす一方で、家族が自分自身の生きがいを「介護すること」に求めてしまうこともあります。その結果、「私がついていなければ、夫（妻）はだめなんだ、何もできない」という心理に陥ってしまいます。そして、ますます本人と家族は離れがたい状況になり、介護保険サービスの利用のきっかけもつかめなくなります。

　しかし、家族会で第三者とかかわることによって、「私が本人と離れても大丈夫」「私がいなくても夫（妻）は笑顔で過ごせるんだ」という気持ちを感じることができるようになっていきます。そこで初めて、家族と本人で閉じられてしまっていた関係を開くことができます。

④　うまくいかないこともある

　家族介護者同士が集まれば心を共有できるのかといえば、そうではないときもあります。家族の集まりも1つの集団と考えれば、そこにコンフリクト（衝突）が生じることもあるのです。同じ家族という立場であっても介護方法や考え方の違いがあります。そして、ベテラン家族の経験の長さが、経験の浅い家族介護者には時として威圧的に感じられることもあります。仲間と会えば全員が肯定的な感情をもつ

とは限りません。

　また、本人を施設に入所させている家族は、在宅介護をしている家族に比べて、劣等感を感じているという発言も聞かれます。これは自宅で介護している家族はがんばっており、施設に入所させている家族は手を抜いている、という世間一般の意識が抜けきっていないことが一因ではないかと考えられます。入所している人の家族が「肩身が狭い」という気持ちをもたなくてもすむように、支援者は、家族介護者同士が衝突するような場面においては、肯定的な意見を述べるなど調整を行いましょう。

4　家族会における支援者の役割

　家族会をサポートする支援者の皆さんは、本人や家族のことを気遣い、何とかしてあげたいと思うあまりに、家族の悩みごと1つひとつに回答しなければ、という気持ちになるでしょう。しかし、そこはぐっと抑えて待ってください。家族の疑問には、家族が答えてくれます。これが家族会のもつ大きな意味合いです。支援者は、回答するよりも前にしっかりと聴くことを心がけてください。また、参加している家族の関係性に留意し、必要なときに間に入って調整をすることも求められます。

　もし、薬や医療的なことなどについて、正確ではない情報が話し合われた際には、その場で訂正をして正確な情報を伝えていくことも役割の1つです。家族会にかかわりはじめた頃、「家族会なのに、専門職の人ばかりが話をして、私たちはあんまりしゃべれなかった」と話していた家族がいました。専門職に気を遣って、家族が率直な思いを語れなかったのかもしれません。

　家族会は家族介護者同士で支え合う、ピアサポートの場だということを、支援者は意識して参加してほしいと思います。専門職の10の言葉より、家族介護者同士の支え合いにおける1の言葉のほうが、参加する家族には大きく響きます。

COLUMN

すみれの会

　私たちの法人では、「すみれの会」という女子会を月 1 回行っています。法人内の本人たちの活動場所「タック」に通ってくるのは、男性がほとんどということが気になっていました。男性家族から、女性の当事者について相談を受けることはありましたが、女性の場合、家庭の事情や、本人の認知症が進行して、その場を楽しむことができなくなっている状況など、さまざまな理由から通うことができない人が多かったのです。

　そのため、女性の当事者同士で悩みや健康のことなどを話すことができる場所として「すみれの会」をつくることを考えました。しかし、当初は通ってくる女性がなかなか定着しませんでした。理由をいろいろ考えたところ、女性の当事者は、家でもなんとなく過ごせてしまっていることや、同行する夫の居場所がないことなどが考えられました。そこで「すみれの会」に同行する参加者の夫のために、認知症に関する勉強や情報をメインにした学びの場を設定することにしました。

　これらの工夫の結果、今は「すみれの会」も定着し、参加者たちも「以前ここに来たわね」とリラックスして会話をしたり、お互いを気遣い合ったりしながら活動を続けています。また、参加者の夫も、他の家族から介護保険サービス利用の情報を聞いたり、家での妻へのかかわり方を学び合えたりする場となっています。

本人・家族からの相談
Q & A

Q1
以前は料理が好きでしたが、最近は料理をするのが面倒です。年齢的に更年期障害かと思っているのですが、認知症も心配です。どうしたらよいでしょうか。

A
女性の場合、更年期障害だと思い、婦人科を受診しているなかで、若年性認知症が判明したというケースがあります。また、「耳が聞こえにくい」と耳鼻咽喉科にかかり、そこから専門医を紹介され、認知症と診断された人もいます。認知症と更年期障害は重なることもあるので、気持ちの落ち込みが継続するようなら、かかりつけ医や医療機関に相談をしてみましょう。

Q2
私の父は若年性認知症です。母1人では大変なので、私も手伝いたいと思いますが、どこまで手伝えばよいでしょうか。

A
一度、お父さん、お母さんに「何を手伝ってほしいのか」聞いてみましょう。もしかしたら、手伝ってほしいことを言い出しにくいのかもしれません。

また、親の立場としては、「子どもには迷惑をかけられない、子どもは子どもの生活を楽しんでほしい」と思っている人もいます。子どもの立場であるあなたが、まずは自分の生活を楽しむことが大切です。そして可能であれば、認知症のことや介護に関する制度のことを少しずつ勉強しておきましょう。将来、お父さんに介護が必要になったときに役立つはずです。

Q3

> 私の母は認知症になってから人が変わったように感じます。子ども
> としてはとてもつらく思っています。母は変わってしまったのでしょ
> うか。

A

　認知症になっても、その人の核になるものは変わりません。ただ、
表現として出すことができないだけだと考えることができます。また、
「できない」ことが増えることで「その人らしさ」が表現できなくなっ
ていきます。

　例えば、子どもへの愛情は変わりませんが、それを表現するタイミ
ングや表現方法がわからなくなります。学校に行くときに、見送りを
していたお母さんが見送ることができなくなっても、それは子どもへ
の愛情が薄れたわけではありません。朝晩の時間帯がわからず子ども
が出かけるタイミングが把握できていなかったり、子どもが何をしよ
うとしているのかわからなくなっていたりすることが考えられます。
ですが、子どものほうから「今から出かけること」を伝えると、今ま
でのように見送りをしてくれることもあります。母親としての優しさ
がなくなったわけではありません。

Q4

> 自分では認知症なのではないかと思っているのですが、大人になっ
> て発達障害と診断されたこともあります。発達障害と認知症は違うの
> でしょうか。

A

　認知症と発達障害は違いますが、「覚えることが苦手」「一度に複数
のことができない」など、症状が似ていることもあります。心配な場
合は、まず自分の主治医に相談し、認知症疾患医療センターなど鑑別
診断ができる病院を紹介してもらうとよいでしょう。

Q5

> 認知症と診断されて1か月です。会社には病気のことを伝えましたが、今までどおりの仕事をさせてもらっています。今後、認知症で仕事ができなくなってしまうことを考えると、早めに退職をしたほうがよいのでしょうか。

A

職場から何か連絡があったり、相談者自身、勤務がつらく辞めたいと希望している場合は、退職を考えてもよいと思います。ただ、傷病手当金や失業手当の条件（自己都合で辞めるのか、会社都合で辞めるのか）で退職後の経済状態は異なるので、第4章の経済的支援を参考に、いつ辞めるのが適切かを家族と一緒に考えてみるとよいかもしれません。

相談者が、仕事をもう少しがんばりたいと思っているようなら、家族などの了解も得たうえで、若年性認知症支援コーディネーターなどが職場に行って仕事の調整をすることもできます。

さらに、仕事を辞めた後の過ごし方を考えておくことも必要でしょう。これまで仕事に行っていた時間を家でじっと過ごしているだけだと、認知症の進行が危惧されます。

地域で当事者活動をしているところがないか、支援者が、全国若年認知症家族会・支援者連絡協議会の加入団体などに問い合わせることもできます。

Q6

> 半年前に若年性認知症と診断されました。田舎に住んでいるので、車がないと生活できませんが、運転はしないほうがよいですか。

A

日本の道路交通法では、自動車の安全な運転に支障を及ぼす疾患のなかに「認知症」が含まれています。認知症のタイプや症状の進行状

況によっては、実際には運転が可能な場合もあると思いますが、相談者が運転しなくても生活していける方法（家族が運転する、公共交通機関を使う）を考え、計画していきましょう。

　脳梗塞の後遺症や頭部外傷が原因の認知症と診断された人の場合は、高次脳機能障害を有していますが、治療やリハビリテーションによってある程度回復すると、運転の再開が可能となる場合があります。病院等からの要請に基づき、一部の指定自動車教習所で運転の評価や訓練を行っているので、問い合わせてみましょう。

Q7

　　認知症が原因で退職しましたが、仕事がしたいと思っています。就労継続支援 A 型・B 型事業所の話を聞きましたが、自分でも利用することができますか。

A

　就労継続支援 A 型・B 型事業所を利用できる年齢に該当しており、障害福祉サービス受給者証の交付を受けることができれば、働くことができます。受給者証の交付を受けるには、①障害者手帳を取得している、②自立支援医療の手続きをしている、③医師の診断書がある、のいずれかが必要となります（市町村により多少異なるので、障害福祉課で確認するようにしましょう）。

※ただし、傷病手当金の受給等で、まだ会社に在職中の場合は、利用が難しいのが現状です。事業所によっては利用料、賃金（工賃）なしで体験者として受け入れているところもあるので、近隣の事業所に問い合わせてみましょう。

Q8 　認知症のことを会社に伝えたら、解雇予告を言い渡されました。解雇されても仕方がないのでしょうか。

A

　認知症と診断を受けただけで解雇の対象にはなりません。認知症でも働いている人はいます。認知症のことを理解してもらえるように、若年性認知症支援コーディネーターに相談して会社に同行してもらったり、上司に主治医と面談してもらったりしましょう。また、解雇される正当な理由が就業規則の規定にあるのか、尋ねてみましょう。

　会社の業績がよくない可能性もありますので、財務状況や退職金などの条件を調べて、会社に残るべきか判断する必要があるかもしれません。退職までの条件を考えつつ、社会保険労務士などにも相談してみるとよいでしょう。

Q9 　現在、遺族年金を受給しています。認知症と診断されたのですが、障害年金を受給することは難しいのでしょうか。

A

　遺族年金は、国民年金または厚生年金保険の被保険者であった人が亡くなったときに、その人によって生計を維持されていた遺族が受け取ることができる年金です。

　遺族年金には、「遺族基礎年金」「遺族厚生年金」があり、亡くなった人の年金の加入状況などによって、いずれかまたは両方の年金が支給されます。

　亡くなった人の年金の納付状況や、遺族年金を受け取る人の年齢・優先順位などの条件をすべて満たしている場合、遺族年金を受け取る

ことができます。

　障害基礎年金、障害厚生年金を受給している人が、遺族厚生年金を受け取ることができるようになったときは、65歳以後、次のいずれかの組み合わせを選択することができます。受給の条件は個々によって異なりますので、年金事務所に問い合わせてみましょう。
・障害基礎年金＋障害厚生年金
・障害基礎年金＋遺族厚生年金

Q10

　介護保険サービスは認知症が進行してきたら使うべきでしょうか。それとも、できるだけサービスを使わずにいるほうが、認知症が進行しないのでしょうか。また、若年性認知症専用のサービスはありますか。

A

　介護保険サービスは、認知症が進行してから利用するより、進行を遅らせるために利用することが大切です。サービスを利用することで、ヘルパーなどにできないことを手伝ってもらうだけではなく、できることを維持することにもつながります。例えば、家事が難しくなった人が、すべてヘルパーに代わりにしてもらうのではなくて、できないところだけを手伝ってもらったことで、自宅での生活が継続しやすくなったという事例もあります。

　また、若年性認知症専用のサービスはほとんどないので、本人にとってどのようなサービスや事業所が適切かを考える必要があります。例えば、デイサービスの職員との関係ができてくると、デイサービスのお手伝いなどにつながることも考えられます。

　介護保険だけでなく、障害福祉サービスや医療保険で利用できるサービスについて、若年性認知症支援コーディネーターなどと考えていきましょう。

全国若年認知症家族会・支援者連絡協議会に加盟しているデイサービスや就労支援事業所は、若年性認知症の支援に力を入れていますので、住まいの近くに事業所がないかも支援者と一緒に調べてみましょう。

引用・参考文献

第1章

引用文献

1）東京都健康長寿医療センター・東京都健康長寿医療センター研究所「若年性認知症の有病率・生活実態把握と多元的データ共有システム」p.8、2020年
2）片山禎夫監、認知症の人と家族の会編著『認知症の診断と治療に関するアンケート調査 調査報告書』p.9、2014年
3）朝田隆「若年性認知症の実態と対応の基盤整備に関する研究 ：平成18年度〜平成20年度総合研究報告書：厚生労働科学研究費補助金長寿科学総合研究事業」2009年
4）中西亜紀「アルツハイマー病 update 若年発症における課題と対応」『医学と薬学』第79巻第1号、p.64、2022年
5）国際大学「認知症の人にやさしいまちづくりの推進に関する調査研究事業：平成26年度老人保健事業推進費等補助金老人保健健康増進事業」p.41、2015年
6）前掲1）pp.21〜24

参考文献

・大阪市立弘済院編「認知症の医療・介護に関わる専門職のための『前頭側頭型認知症＆意味性認知症』こんなときどうする！ 保存版」2020年
・認知症の人とみんなのサポートセンター「認知症の言葉のサポートブック──意味性認知症を中心に」2019年
https://grupo.jp/fileout/a57e8681d7c703c98c4af82c74af4cb2129704d48650b3fda9af44043174cee8/6806235.pdf

第2章

引用文献

1）厚生労働省「事業場における治療と仕事の両立支援のためのガイドライン」p.1、2022年3月改訂版

第3章

引用文献

1）平成28年度 老人保健事業推進費等補助金（老人保健健康増進等事業分）認知症の人の視点を重視した生活実態調査及び認知症施策の企画・立案や評価に反映させるための方法論等に関する調査研究事業「本人ミーティング開催ガイドブック」一般財団法人長寿社会開発センター、2017年
2）岩崎香編著『障害ピアサポート ── 多様な障害領域の歴史と今後の展望』pp.7〜16、中央法規出版、2019年

参考文献

・岡知史『セルフヘルプグループ（本人の会）の研究──わかちあい・ひとりだち・ときはなち』星和書店、1999年
・杉原久仁子「認知症の人たちの語り合いの歴史的変遷 本人交流会から本人ミーティングへ」大阪人間科学大学紀要『Human Science』第21号、2022年

第4章

引用文献

1）C. ブライデン、水野裕監訳、中川経子訳『私の記憶が確かなうちに――「私は誰？」「私は私」から続く旅』クリエイツかもがわ、p.310、2017年

参考文献

・杉原久仁子「検証！ 介護保険20年（第3回）認知症ケアにみる介護保険」『福祉のひろば』 総合社会福祉研究所、2020年
・認知症の人とみんなのサポートセンター「平成29年度社会福祉振興助成金事業報告書・若年性認知症の人のための生きがい事業 若年性認知症の就労や生きがいづくりのためのアセスメント表」2018年
https://grupo.jp/fileout/b3637d3acf399d7c8919c24393665fe4241dbaa6c81df795de51d3184240b71b/6455708.pdf

第5章

引用文献

1）勝野とわ子他『若年認知症のファミリー（介護者および子供）への支援事業』「若年認知症のファミリーへの支援事業」平成22年独立行政法人福祉医療機構社会福祉振興助成事業特定非営利活動法人若年認知症サポートセンター、p.66、2011年
2）沖田裕子・杉原久仁子「若年性認知症の親を持つ子どもの支援――アンケート結果を基にした子ども用冊子の作成」『日本認知症ケア学会誌』第20巻第1号、p.154、2021年

参考文献

・斎藤真緒「男性介護者の介護実態と支援の課題――男性介護ネット第1回会員調査から」『立命館産業社会論集』第47巻第3号、2011年
・鈴木亮子・森明子・小長谷陽子「若年認知症の人の家族を支援するうえでの課題」『日本認知症ケア学会誌』第9巻第1号、2010年
・認知症介護研究・研修大府センター「若年性認知症支援ガイドブック――相談を受ける人が知っておきたいこと 改訂版」p.28、2016年
・認知症の人とみんなのサポートセンター「若年性認知症の親を持つ子どもたちへ」2021年
https://grupo.jp/fileout/2ce3cb33e237012c0638edb9cd65958e9d813d56535df96f69037d353dbe93a6/6992265.pdf

本人・家族からの相談 Q&A

参考文献

・全国若年認知症協議会ホームページ
https://jeodc.jimdofree.com/
・全日本指定自動車教習所協会連合会「高次脳機能障害を有する運転免許保有者の運転再開に関する調査研究委員会報告書」2019年
・日本年金機構ホームページ
https://www.nenkin.go.jp/service/jukyu/izokunenkin/jukyu-yoken/20150401-03.html

若年性認知症に関する参考図書 📖

- C. ボーデン、桧垣陽子訳『私は誰になっていくの?——アルツハイマー病者からみた世界』クリエイツかもがわ、2003 年
- C. ブライデン、馬籠久美子・桧垣陽子訳『私は私になっていく——認知症とダンスを 改訂新版』クリエイツかもがわ、2012 年
- C. ブライデン、水野裕監訳、中川経子訳『私の記憶が確かなうちに ——「私は誰?」「私は私」から続く旅』クリエイツかもがわ、2017 年
- 太田正博・菅崎弘之・上村真紀・藤川幸之助『私、バリバリの認知症です』クリエイツかもがわ、2006 年
- 中村成信『ぼくが前を向いて歩く理由——事件、ピック病を超えて、いまを生きる』中央法規出版、2011 年
- 藤田和子『認知症になってもだいじょうぶ!——そんな社会を創っていこうよ』メディア・ケアプラス、2017 年
- 丹野智文『認知症の私から見える社会』講談社、2021 年
- 認知症の私たち『認知症になっても人生は終わらない——認知症の私が、認知症のあなたに贈ることば』harunosora、2017 年
- 矢吹知之・丹野智文・石原哲郎編著、藤田和子・大塚智丈・鬼頭史樹・猿渡進平・前田隆行・六車由実『認知症とともにあたりまえに生きていく——支援する、されるという立場を超えた 9 人の実践』中央法規出版、2021 年
- 鈴木大介『シリーズケアをひらく「脳コワさん」支援ガイド』医学書院、2020 年
- 下坂厚・下坂佳子『記憶とつなぐ——若年性認知症と向き合う私たちのこと』双葉社、2022 年
- 恩蔵絢子『脳科学者の母が、認知症になる——記憶を失うと、その人は " その人 " でなくなるのか?』河出書房新社、2021 年
- 若井克子『介護 Library　東大教授、若年性アルツハイマーになる』講談社、2022 年

おわりに

　NPO 法人として若年性認知症の人と家族にかかわって 16 年。この本を書いていくうちに、今までかかわってきた多くの方の顔を思い出しました。みんな、悩みもがきながらも、その時その時を一生懸命生きていたように思います。診断を受けて、一度は奈落の底に落とされたように感じた本人たちが、仲間と出会い、活動を共にするなかで、再び自分らしさを取り戻していく姿をずっと見てきました。

　先日は、本人たちと商店街活性化のためのイベントの手伝いに参加しました。暑い夜の肉体労働で私はヘトヘトになっていましたが、仕事をやりきった本人たちが、解散時に大きな声で「お疲れ様でした!!」と言いました。私は「これだ!」と思いました。なぜ、何のために、暑い夜に、木材を抱えて仕事をしたのか。この一言が聞きたかったのかもしれません。

　仕事仲間をねぎらう、この当たり前の言葉を本人がふつうに言っている、そのことをとてもうれしく思いました。この短い一言のなかに、仕事の満足感、みんなで仕事をやりきったという連帯感が表れていたと感じました。「参加すること」は、いろいろな機会で体験できますが、「支えること」は、若年性認知症の人はあまり体験することがありません。しかし、「支えること」に物事の面白さがあり、その人の力が発揮できることもあります。認知症になったからといって、支えてもらうだけではないのです。

　こうした体験により、私自身、何もかも専門職や周囲だけで準備をしてしまわないように、プロセスも本人たちと考え、つくっていくことの大切さを改めて感じました。自分の居場所があると感じられるのは、そこに自分の役割がある、立ち位置がはっきりとしていると感じるときです。

　私たちもいずれは認知症になるかもしれません。それが「怖くない」と言えばうそになるかもしれません。しかし、病気とうまく付き合いながら自分らしく生きてきた人たちを私たちは知っています。そんな先輩たちの姿を見ているからこそ、認知症になっても、「それがどうしたの？　私は私!」と思える

のだと思います。

　本書を最後まで読んでくださった皆様、ありがとうございました。また、遅々として進まない原稿を心配しながら温かい声かけをしてくださった中央法規出版の編集者、三浦功子さんにも深謝いたします。
　今までかかわってきたご本人やご家族の皆様にお力を貸していただき、本書を発行することができました。これからも本人たちの傍らで一緒に活動をしていき、新たな発見をしていきたいと思います。

杉原久仁子

著者紹介

沖田 裕子（おきた ゆうこ）
特定非営利活動法人認知症の人とみんなのサポートセンター代表
特別養護老人ホームや重度認知症デイケア、認知症介護研究・研修大府センターなどに勤務の後、介護保険などではニーズの満たされない、若年性認知症の人や家族の支援などを主に行うために、特定非営利活動法人「認知症の人とみんなのサポートセンター」を大阪市東成区に仲間と設立。
大阪市立大学非常勤講師、大阪府若年性認知症支援コーディネーター、大阪市社会福祉協議会地域包括支援センター連絡調整事業及び総合的な相談支援体制の充実事業スーパーバイザーを務める。仕事をしながら神戸大学大学院医学系研究科保健学博士後期課程修了。

杉原 久仁子（すぎはら くにこ）
特定非営利活動法人認知症の人とみんなのサポートセンター副代表、大阪人間科学大学人間科学部社会福祉学科教授
介護の現場経験を経て、「認知症のことを学びたい」と大学院へ。大学院の院生時代に「当事者支援がしたい」と認知症の当事者支援にかかわりはじめる。2006年に沖田さんと出会い、特定非営利活動法人「認知症の人とみんなのサポートセンター」を設立。以来、若年性認知症の支援をフィールドとして、社会福祉の専門職養成に携わり現在に至る。大阪府若年性認知症支援コーディネーター。

制度や就労支援のことがわかる！
若年性認知症の人や家族への支援のきほん

2022 年 11 月 10 日　発行

著　者　沖田裕子・杉原久仁子
発行者　荘村明彦
発行所　中央法規出版株式会社

〒 110-0016　東京都台東区台東 3 -29- 1 中央法規ビル
TEL 03-6387-3196
https://www.chuohoki.co.jp/

装幀・本文デザイン　加藤愛子（株式会社オフィスキントン）
装幀・本文イラスト　こさかいずみ
印刷・製本　株式会社アルキャスト

定価はカバーに表示してあります。
ISBN 978-4-8058-8780-6

本書の内容に関するご質問については、下記 URL から「お問い合わせフォー
ム」にご入力いただきますようお願いいたします。
https://www.chuohoki.co.jp/contact/